Basil Hume
Eine Zeit, um aufzublicken

Basil Hume

Eine Zeit, um aufzublicken

Mit der Bibel durch die Fastenzeit

VERLAG NEUE STADT
MÜNCHEN · ZÜRICH · WIEN

Titel der englischen Originalausgabe:
A Turning to God, Darton, Longman and Todd Ltd,
London 2007; Zusammenstellung: © Patricia Hardcastle Kelly
Übertragung ins Deutsche:
Gudrun Griesmayr und Stefan Liesenfeld

1. Auflage 2009

Umschlagabbildung: Klaus Honermann
Gestaltung und Satz: Neue-Stadt-Graphik
Druck: Köppl und Schönfelder, Stadtbergen
ISBN 978-3-87996-757-5

VORWORT

Basil Hume war ein Mensch, „der aus einer ruhigen Mitte lebte, die stets berührbar war" (Arthur Roche, Bischof von Leeds). Leise und unspektakulär führen auch seine Schriften in jenes innere Zentrum, wo das Zwiegespräch mit Gott beginnt. Nur scheinbar gegenläufig wird der Blick zugleich nach außen gelenkt: auf die Menschen um uns herum, auf unsere Welt, auf die Nöte und Sorgen unserer Zeitgenossen: Gottes- und Nächstenliebe sind untrennbar verbunden.

Besonders in der Fastenzeit sind wir eingeladen, diesen Dreh- und Angelpunkt neu wahrzunehmen. Es ist eine Zeit, um „aufzublicken" und uns anblicken zu lassen von jenem Gott, der uns in Jesus als barmherzige und warmherzige Liebe entgegenkommt. Diese Liebe befreit, sie weitet das Herz und den Blick und drängt uns, die richtigen Prioritäten im Leben zu setzen. Damit wir uns nicht verlieren in Dingen, die sich irgendwann als brüchig erweisen.

Dieser kleine Fastenzeitsbegleiter bietet für jeden Tag von Aschermittwoch bis Ostern einen Bibeltext (aus den gottesdienstlichen Tageslesungen), einen Meditationsimpuls von Basil Hume und eine Gebetsanregung – als Hilfe, „aufzublicken" und voll Glaubenszuversicht und -freude den Weg miteinander weiterzugehen.

Stefan Liesenfeld

Aschermittwoch
ZEIT DER GNADE

Biblische Lesung

So spricht der Herr: Kehrt um zu mir von ganzem Herzen mit Fasten, Weinen und Klagen. Zerreißt eure Herzen, nicht eure Kleider, und kehrt um zum Herrn, eurem Gott! Denn er ist gnädig und barmherzig, langmütig und reich an Güte. Joel 2,12f

Impuls zur Meditation

Die Fastenzeit oder „österliche Bußzeit" ist eine Gelegenheit, das Leben als Christen neu in den Blick zu nehmen. Wir sind eingeladen zu einer *Bekehrung des Herzens,* um uns auf das Osterfest, die Feier der Auferstehung Jesu Christi, vorzubereiten. In der Lesung aus dem Buch Joel heißt es: „Zerreißt eure Herzen, nicht eure Kleider, und kehrt um zum Herrn, eurem Gott!" Diese Umkehr, diese Bekehrung des Herzens ist im Leben eines Christen sehr wichtig; immer wieder kommt es darauf an, dass wir uns von dem abwenden, was uns von Gott trennt, und uns dem zuwenden, was uns mit ihm verbindet. Wir sollten unser Augenmerk dabei weniger auf die Abkehr von den Dingen richten als vielmehr darauf, dass wir uns zu Gott hinkehren. Wer sich darauf ausrichtet, der wendet sich – um Gottes willen – wie von selbst von all dem ab, was uns fern hält von ihm. Suchen wir verstärkt das Gespräch mit Gott und planen wir mehr Zeit für das Gebet ein – so wie es unsere Lebensumstände erlauben. Dann wird Gott gewiss zu uns sprechen. Er selbst wird uns verstehen lassen, was uns daran hindert, mit ihm Gemeinschaft zu haben; er wird uns verstehen lassen, was er von uns möchte. Es wird nichts anderes sein als das, wonach wir selbst im Tiefsten verlangen.

Gebet

Vater, hilf mir in dieser Fastenzeit,
mich mit neuer Entschiedenheit
dir zuzuwenden
und mich abzuwenden von allem,
was mich von dir trennt.

Donnerstag nach Aschermittwoch
DAS KREUZ AUF SICH NEHMEN

Biblische Lesung

Zu allen sagte Jesus: Wer mein Jünger sein will, der verleugne sich selbst, nehme täglich sein Kreuz auf sich und folge mir nach. Denn wer sein Leben retten will, wird es verlieren; wer aber sein Leben um meinetwillen verliert, der wird es retten. Lukas 9,23f

Impuls zur Meditation

Keinem Menschen bleibt Leid erspart. Keiner von uns kann ihm entgehen. Allzu leicht lassen wir uns dadurch verbittern. Wir sträuben uns, das Leid anzunehmen, und stellen uns nicht der – manchmal mühsamen – Frage, wozu es dienen könnte.

Wir merken, wie schwer es ist, in schmerzlichen, bitteren Situationen in der Liebe zu bleiben. Christus hat gelitten und ist gestorben, um uns seine Liebe zu erweisen. Er hat nicht aufgehört zu lieben, und wir sollen es ihm gleichtun. Nehmen wir an, was Gott zulässt, und zeigen wir ihm so, dass wir ihn lieben.

Hinter jedem Kreuz steht der auferstandene Herr; in jedem Leid und Schmerz verbirgt sich die Freude einer tieferen Einheit mit ihm. Er hat alles überwunden und möchte, dass wir bei ihm sind. Wenn uns ein Schmerz trifft, wissen wir zunächst nur, dass wir das Kreuz tragen müssen. Doch im Glauben können wir durch angenommenes Leid durchstoßen zur Freude der Auferstehung.

Gebet

Herr, stärke und schütze uns,
wenn Schmerz und Leid auf uns lasten;
wir tragen es hin zu dir
und bitten dich, es mitzutragen.

Freitag nach Aschermittwoch
JA ZU GOTT – LIEBE ZUM NÄCHSTEN

Biblische Lesung

Das ist ein Fasten, wie ich es liebe: die Fesseln des Unrechts zu lösen, die Stricke des Jochs zu entfernen, die Versklavten freizulassen, jedes Joch zu zerbrechen, an die Hungrigen dein Brot auszuteilen, die obdachlosen Armen ins Haus aufzunehmen, wenn du einen Nackten siehst, ihn zu bekleiden und dich deinen Verwandten nicht zu entziehen. Jesaja 58,6f

Impuls zur Meditation

Wie schön wäre es, wenn die Liebe zu Gott in unserem Leben den Vorrang hätte und die Liebe zum Nächsten hervorbrächte. Die Liebe zum Mitmenschen ist ja nicht von der Gottesliebe zu trennen.

Das Almosengeben, von dem der Prophet Jesaja spricht, steht für all das, was wir für andere Menschen konkret tun können. In diesem Dasein für andere verwirklicht sich unser doppeltes Ja zu Gott und zum Nächsten. Die Fastenzeit ist eine Gelegenheit, unsere Mitmenschen bewusster wahrzunehmen, ihnen Zeit zu schenken, ihnen unsere Zuneigung zu zeigen und ihnen zu Diensten zu sein.

Die Sorge für die Obdachlosen gründet in der Verpflichtung, denen zu helfen, die in Not sind. Öffnen wir die Augen für die soziale Lage der

Menschen um uns und wirken wir darauf hin, dass alles Mögliche getan wird, um die jeweilige Not zu überwinden. Obdachlosigkeit ist ein drängendes soziales Problem unserer Zeit. Ohne ein Zuhause, ohne eine familiäre Umgebung fehlt dem Menschen etwas Grundlegendes. Jesus selbst weiß, was es bedeutet, kein Zuhause zu haben. All denen, die sich in einer solchen Lage befinden, sagt er: Euch gilt meine Liebe ganz besonders.

Gebet

Herr, öffne unsere Augen
für die Not der Menschen,
und mache uns zu Zeugen
deiner Vorliebe für alle Bedürftigen.

Samstag nach Aschermittwoch
ZEIT FÜR REUE UND UMKEHR

Biblische Lesung

Die Pharisäer und ihre Schriftgelehrten sagten voll Unwillen zu Jesu Jüngern: Wie könnt ihr zusammen mit Zöllnern und Sündern essen und trinken? Jesus antwortete ihnen: Nicht die Gesunden brauchen den Arzt, sondern die Kranken. Ich bin gekommen, um die Sünder zur Umkehr zu rufen, nicht die Gerechten.

Lukas 5,30-32

Impuls zur Meditation

In der Fastenzeit werden wir daran erinnert, dass wir sündige Menschen sind. Es gibt verschiedene Arten, über die Sünde nachzudenken: eine ungesunde, die niederdrückt und entmutigt, aber auch eine positive, die zu Einsicht, Bedauern und Reue führt.

Bleiben wir nicht dabei stehen, uns wegen begangener Fehler und Sünden zu grämen, sondern vertrauen wir auf Gott und seine Vergebung. Zu den wunderbarsten Eigenschaften der Liebe Gottes gehört es, dass er sich nichts sehnlicher wünscht, als zu vergeben. Dies können wir erfahren, wenn wir sagen: „Ja, ich bin ein Sünder …“. Dieses Eingeständnis tut gut; es richtet uns auf Gott aus und und lässt uns neues Vertrauen fassen auf seine Liebe und Barmherzigkeit.

Ja, es ist gut, uns daran zu erinnern, dass wir Sünder sind. Nehmen wir die Einladung an, unsere Vergehen aufrichtig zu bedauern und möglichst wiedergutzumachen. Fragen wir uns, wie wir unseren Lebensstil ändern müssen, damit er mehr dem Evangelium entspricht.

Gebet

Herr, wir alle haben gesündigt.
Gib uns die Zeit, die wir brauchen,
um umzukehren zu dir
und unser Leben
neu an deinem Wort auszurichten.

1. WOCHE

Erster Fastensonntag
VIERZIG „WÜSTENTAGE“

Biblische Lesung

Erfüllt vom Heiligen Geist, verließ Jesus die Jordangegend. Darauf führte ihn der Geist vierzig Tage lang in der Wüste umher, und dabei wurde Jesus vom Teufel in Versuchung geführt … Nach diesen Versuchungen ließ der Teufel für eine gewisse Zeit von ihm ab.

Lukas 4,1f.13

Impuls zur Meditation

Was für Jesus die vierzig Tage in der Wüste waren, soll für uns die Fastenzeit sein. Wir sollen Gott näherkommen und unser Herz „läutern“. Es ist wie bei einer Pflanze, die beschnitten werden muss, um Frucht zu bringen.

Die Erzählung von den drei Versuchungen, denen Jesus nach dem vierzigtägigen Fasten und Beten ausgesetzt war, erinnert uns daran. Die Erzählung kann uns viel darüber sagen, wie es um uns Menschen steht. Und zugleich hat sie uns etwas zu sagen über den Glauben, über die Hoffnung und die Macht Gottes über die Schöpfung.

Bei der ersten Versuchung setzt der Teufel dabei an, dass Jesus Hunger hat. Er will ihn überreden, seine Fürsorge auf die Linderung menschlicher Nöte zu beschränken. Es handelt sich dabei durchaus um lebenswichtige Dinge. Dennoch sind sie nicht alles! Sie können nicht unsere einzige Sorge sein. Gewiss, wir brauchen das tägliche Brot; aber unser Leben braucht auch ein Ziel, einen Sinn, eine Vision. Wir brauchen das Brot des Lebens, das Wort der Wahrheit, das von Gott kommt.

In der zweiten Versuchung geht es um ein verkehrtes Verlangen nach einem Zeichen. Als Kinder Gottes müssen wir lernen, im Glauben und in der Hoffnung auszuharren: Die Liebe ist stärker als der Hass, und im Tod ist das Leben. In Zeiten der Dunkelheit ist der Glaube uns Licht; er schenkt uns Hoffnung auf ein Leben, das kein Ende kennt. Wenn Verzweiflung den menschlichen Willen zu lähmen droht, können wir Botschafter der Hoffnung und neuen Lebens sein.

Die dritte Versuchung besteht darin, das Gute mit irdischer Macht herbeizuzwingen. Doch wer aus Glaube und Hoffnung lebt, vermag auch die eigene Schwäche und eine vordergründige Niederlage anzunehmen. Wir sind gerufen, uns vorbehaltlos in den Dienst Gottes zu stellen, für die Wahrheit Zeugnis abzulegen und dem Evangelium von Versöhnung, Frieden, Einheit und Nächstenliebe zu trauen.

Gebet

Vater, lehre uns,
der Versuchung zur Sünde zu widerstehen
und dir und dem Nächsten zu dienen,
damit sich deine Pläne mit uns erfüllen.

Montag der ersten Woche
DIE NOT IM BLICK

Biblische Lesung

Ich war hungrig und ihr habt mir zu essen gegeben; ich war durstig und ihr habt mir zu trinken gegeben; ich war fremd und obdachlos und ihr habt mich aufgenommen; ich war nackt und ihr habt mir Kleidung gegeben; ich war krank und ihr habt mich besucht; ich war im Gefängnis und ihr seid zu mir gekommen.

Matthäus 25,35f

Impuls zur Meditation

Berichte über Armut, Hunger und Obdachlosigkeit, über Kriege und Konflikte aller Art, über Analphabetismus und verschiedenste Nöte in der Welt machen uns bewusst, wie gut es uns eigentlich geht. *Uns* sind diese Dinge erspart geblieben! Manchmal beunruhigt mich der Gedanke, wie leicht mein Leben im Grunde ist; ich gehöre zu dem kleineren Teil der Menschheit, der nicht unter diesen Nöten zu leiden hat. Wir, die wir in mehr oder weniger großem Wohlstand leben, sollten begreifen, dass wir zu einer privilegierten Minderheit gehören. Und wir sollten erkennen, dass wir als Christen Verantwortung haben für jenen – weit größeren – Teil der Menschheit, der auf so vieles verzichten muss.

„Ich war hungrig und ihr habt mir zu essen gegeben", sagt Jesus im Evangelium. Bedeutet das, dass wir aufbrechen müssen, um konkrete Hilfe zu leisten, dass wir in einem Krankenhaus arbeiten oder Nahrung für Hungernde besorgen müssen? Nicht unbedingt. In erster Linie geht es darum, dass wir uns der Probleme bewusst sind und *unseren* Teil tun, um unserer Berufung zu entsprechen: Wir dürfen in unserem Verhalten und Reden nicht weltfremd sein; es wäre erbärmlich, gleichgültig und weltabgewandt zu leben.

Unserer Berufung entsprechen bedeutet, den spirituellen Werten treu zu bleiben und dabei die Not so vieler Menschen im Blick zu haben. Nur so können wir bezeugen, dass wir für Gott leben möchten. Wir können es uns nicht erlauben, ein nach innen gekehrtes Leben zu führen und die wirklichen Nöte der heutigen Welt zu ignorieren.

Gebet

Vater, gib uns
wahre Armut des Herzens
und des Geistes,
wenn wir Herz und Sinn
zu dir hinwenden.

Dienstag der ersten Woche
BETEN IN DER VERBORGENHEIT DES HERZENS

Biblische Lesung

Du aber geh in deine Kammer, wenn du betest, und schließ die Tür zu; dann bete zu deinem Vater, der im Verborgenen ist. Dein Vater, der auch das Verborgene sieht, wird es dir vergelten. Wenn ihr betet, sollt ihr nicht plappern wie die Heiden, die meinen, sie werden nur erhört, wenn sie viele Worte machen.

Matthäus 6,6f

Impuls zur Meditation

Eine der größten Gefahren unseres Lebens besteht darin, so sehr beschäftigt zu sein, dass unser inneres Leben dabei auf der Strecke bleibt. Für mich ist das ein schrecklicher Gedanke: Wir können Tag für Tag, Monat für Monat, Jahr für Jahr oberflächlich dahinleben, vielleicht mit einer schönen Maske, doch ohne wirkliche Tiefe.

Es ist so leicht, über Religion zu sprechen und keinerlei religiöse Ausrichtung zu haben …, Ratschläge zu erteilen, die wir selbst nicht befolgen …, in den Dingen Gottes beredt zu sein, aber ohne Herzenswärme …

Dass uns eine innige Gebetshaltung abhanden kommt, ist eine ganz reale Gefahr. Wenn wir die Sehnsucht nach dem Gebet verlieren, wenn wir auf den Tag zurückschauen und merken, dass wir uns im Aktivismus verloren haben, dann sind wir gefährlich nahe daran, den Sinn für Gott zu verlieren. Es geht um so Wichtiges – wie leicht können wir es verlieren!

Wenn wir uns in dieser Fastenzeit auch nur dazu entschließen, uns mehr anzustrengen, um das Leben mit Gott, „der im Verborgenen ist", zu vertiefen, hätten wir diese Zeit gut genutzt.

Gebet

Vater, hilf mir,
mich dir im Gebet zuzuwenden.
Höre mein Beten, wenn ich
in der Verborgenheit meines Herzens
mit dir spreche.

Mittwoch der ersten Woche
DIE EIGENEN SCHWÄCHEN EINGESTEHEN

Biblische Lesung

Die Leute von Ninive glaubten Gott. Sie riefen ein Fasten aus und alle, Groß und Klein, zogen Bußgewänder an ... Und Gott sah ihr Verhalten; er sah, dass sie umkehrten und sich von ihren bösen Taten abwandten. Da reute Gott das Unheil, das er ihnen angedroht hatte, und er führte die Drohung nicht aus. Jona 3,5.10

Impuls zur Meditation

Das wäre ein sonderbarer Mensch, der sich für vollkommen hielte! Wir alle sind Menschen mit Fehlern und Sünden; es wäre sehr befremdlich, wenn jemand nicht einsähe, dass auch er zuzeiten Dinge sagt, Dinge tut oder unterlässt, für die er sich – wenn er darüber nachdenkt – schämt.

Schuldbewusstsein ist nicht schlecht, vielleicht sogar heilsam. Noch wichtiger scheint mir, dass wir erkennen, wie oft wir in unserem Leben *Gott* missfallen. Es ist gut, ehrlich zu sich selbst zu sein und unsere Schwächen und Sünden zuzugeben und zu bekennen. Wenn wir das tun, können wir – so die Erfahrung vieler – einen tiefen inneren Frieden erfahren.

Denken wir einmal darüber nach, wo unsere Schwächen liegen, wo wir vor Gott schuldig werden. Die österliche Bußzeit lädt uns dazu ein.

Christus ist gekommen, um uns seine Vergebung zu schenken … Wenden wir uns von dem ab, was uns von Gott trennt, um uns tiefer mit ihm zu vereinen …

Gebet

Vater, vergib mir meine Sünden.
Erfülle mich mit Liebe zu dir,
erneuere mein Herz und meinen Sinn,
damit ich umkehre zu dir.

Donnerstag der ersten Woche
EINE SOLIDARISCHE GEMEINSCHAFT

Biblische Lesung

Alles, was ihr von anderen erwartet, das tut auch ihnen! Darin besteht das Gesetz und die Propheten. Matthäus 7,12

Impuls zur Meditation

Worin gründet die Solidarität? An erster Stelle in der gemeinsamen menschlichen Natur. Wir sind als Bild und Gleichnis Gottes geschaffen, jeder von uns ist einmalig und unwiederholbar. Jeder Mensch, mit dem wir in Kontakt kommen, kann zu uns auf einzigartige Weise von Gott sprechen, so wie es nur ihm möglich ist.

Wenn Gott die Menschen so wichtig sind, dass ihnen seine Liebe gilt, dann sollte auch ich sie für „liebens-wert" erachten.

In diesen Überlegungen können wir die Menschenwürde begründet sehen. Die Würde eines jeden Menschen beruht darauf, dass er nach dem Bild und Gleichnis Gottes geschaffen ist als einzigartiger Mensch, der mir auf unverwechselbare Weise etwas von Gott sagen kann.

Weil der Mensch eine so große Würde besitzt, kommen ihm bestimmte Rechte zu, die wir Menschenrechte nennen. Dazu gehören das Recht auf Leben, Freiheit und Sicherheit der Person, das Recht auf Meinungsfreiheit und freie Meinungsäußerung usw. Es gibt viele Menschenrechte.

Doch wer Rechte hat, hat auch Pflichten. Er ist anderen gegenüber „verantwortlich“, er trägt Verantwortung für andere, für den Schutz und die Förderung ihrer Rechte, für die Verteidigung ihrer Würde. Auch dies meint Solidarität.

Es besteht eine Gemeinschaft unter den Menschen, allein schon deswegen, weil wir alle Menschen sind.

Gebet

Herr, hilf mir,
in jedem Menschen,
dem ich begegne und mit dem ich spreche,
dein Abbild zu sehen.

Freitag der ersten Woche
GOTT WARTET

Biblische Lesung

Spruch Gottes, des Herrn: Wenn der Schuldige sich von allen Sünden, die er getan hat, abwendet, auf alle meine Gesetze achtet und nach Recht und Gerechtigkeit handelt, dann wird er bestimmt am Leben bleiben und nicht sterben.

Ezechiel 18,21

Impuls zur Meditation

Gott ist wie einer, der liebt und dessen Liebe nicht erwidert wird. Er kann nicht anders als warten: Er wartet auf eine Herzensänderung der geliebten Person. Er wartet und zwingt nicht; denn Zwang verletzt das Gesetz der Liebe. Er wartet, bis dem Menschen, den er liebt und der noch nicht fähig ist, diese Liebe zu erwidern, die Größe seiner Liebe aufgeht. Gott offenbart sich ihm und hofft, dass die geliebte Person Augen und Ohren öffnen wird für seine Liebe.

Dieser Herzenswandel des Geliebten – du und ich sind gemeint – bedeutet Bekehrung. Sie schließt die Reue mit ein – und das tiefe Vertrauen darauf, dass Gott uns seine Vergebung schenkt … Der Schmerz über begangene Fehler und Sünden, das Wissen um die eigene Schwachheit drückt einen Christen nicht nieder. Gewiss, dieses Empfinden ist auch eine Wirkung der göttlichen Gnade und hat seinen Wert. Doch entscheidend ist Gottes Vergebung. Darum ist die Reue für einen Christen paradoxerweise ein Grund zur Freude; denn sie schenkt uns Frieden.

Gebet

Vater, du wartest immer auf uns.
Wir wollen Herz und Sinn
zu dir hin kehren und bitten:
Vergib uns, Vater, und schenke uns Frieden.

Samstag der ersten Woche
AUF DEM WEG DER VOLLKOMMENHEIT

Biblische Lesung

Ich aber sage euch: Liebt eure Feinde und betet für die, die euch verfolgen, damit ihr Söhne eures Vaters im Himmel werdet … Wenn ihr nämlich nur die liebt, die euch lieben, welchen Lohn könnt ihr dafür erwarten? …

Ihr sollt also vollkommen sein, wie es auch euer himmlischer Vater ist. Matthäus 5,44-48

Impuls zur Meditation

Dass wir Gott lieben sollen, ist klar – theoretisch. Etwas ganz anderes ist es, danach zu leben … Was meint die Gottesliebe konkret?

Oft haben wir ein entstelltes Verständnis von „Liebe", was wir darunter verstehen, ist nicht mehr als eine Karikatur. Man denkt an ein vages, vergängliches Gefühl. Doch die Liebe, von der Jesus spricht, ist stark und anspruchsvoll. Es handelt sich um eine Erfahrung selbstlosen und großzügigen Gebens; lieben heißt: Ich will genauso viel geben, wie ich empfangen möchte.

Vorbild und Inbegriff der Liebe ist die Liebe, die Gott selbst ist. Wenn wir wissen wollen, wie diese Liebe ist, dann können wir auf das Tun und Verhalten Jesu, des Sohnes Gottes, schauen.

„Seid vollkommen, wie es auch euer himmlischer Vater ist", heißt es in unserem heutigen Lesungstext. Gott und unsere Nächsten lieben, das beinhaltet eine stetige Veränderung; denn wir werden nie so leben, wie wir sollten. Immer wieder schadet unsere Ichbezogenheit anderen und uns selbst. Unser Leben ist eine Schule, eine Art Training in der Kunst der Gottes- und Nächstenliebe. Ohne diese wäre die Religion kalt und tot, eine bloße Last … Das Geheimnis, das es zu entdecken gilt, ist das Wachsen in der Liebe.

Bleiben wir auf der Suche nach Gott und seiner Liebe: Dieses persönliche Suchen ist durch nichts zu ersetzen!

Gebet

Gott, unser Vater,
führe uns auf den Weg
der Vervollkommnung in der Liebe
zu dir und unseren Nächsten;
lass uns dich in unseren Mitmenschen erkennen.

2. WOCHE

Zweiter Fastensonntag
EINE FROHE LIEBE

Biblische Lesung

Unsere Heimat ist im Himmel. Von dort her erwarten wir auch Jesus Christus, den Herrn, als Retter, der unseren armseligen Leib verwandeln wird in die Gestalt seines verherrlichten Leibes. Philipper 3,20f

Impuls zur Meditation

Diese Tage der Fastenzeit laden uns dazu ein, vorauszublicken auf die Karwoche und die Freude von Ostern, den Sieg Christi über Sünde und Tod. Darin besteht unsere tiefste Freude, der Grund unserer Hoffnung. Damit wird unser Blick auch auf den Himmel gelenkt, wenn wir ganz und für immer bei Gott sein werden. Verschiedene Verhaltensweisen und Haltungen behindern immer wieder diese Ausrichtung auf ihn.

Besonders gefährlich sind ein falscher Stolz und die Überheblichkeit: Ich will nicht dienen; ich mache mich selbst zum Mittelpunkt meines Lebens; ich gehe meinen Weg, ohne nach rechts und links zu blicken; ich will, dass alles nach meinen Vorstellungen läuft …

Als Zweites ist eine Form von Unfreundlichkeit zu nennen, die von mangelnder Nächstenliebe zeugt.

Ein Drittes trennt uns immer wieder von Gott. Es ist – das mag vielleicht überraschen – das Jammern und Murren. Dies habe ich vom heiligen Benedikt gelernt. In seiner Regel schärft er den Mönchen ein, das Murren zu unterlassen. Ein weiser Rat! Es gibt kaum Schlimmeres, als mit Menschen zu leben, die bei jeder Gelegenheit etwas zu bejammern und zu nörgeln haben. Das ist ausgesprochen destruktiv; da gibt es keine Ruhe und keinen Frieden …

Diese Hindernisse überwinden und sich entschieden Gott zuwenden, das bringt tiefe Freude hervor. Denn denen, die sich ihm öffnen, kann Gott seine überfließende Liebe schenken.

Gebet

Herr, befreie uns von allem Stolz,
von aller Unfreundlichkeit
und dem Hang zum Murren,
damit unser Herz und unser Geist
offen seien für dich und deine Liebe.

Montag der zweiten Woche
DIE GROSSZÜGIGKEIT DER LIEBE

Biblische Lesung

Jesus sagte zu seinen Jüngern: Seid barmherzig, wie es auch euer Vater ist! … Gebt, dann wird auch euch gegeben werden. In reichem, vollem, gehäuftem, überfließendem Maß wird man euch beschenken; denn nach dem Maß, mit dem ihr messt und zuteilt, wird auch euch zugeteilt werden.

Lukas 6,36.38

Impuls zur Meditation

Ich habe immer wieder die Erfahrung gemacht, dass der Besuch in einem Krankenhaus ebenso lehrreich und anregend ist wie eine gute Predigt oder ein geistliches Buch. Inmitten von großem Schmerz und Leid habe ich Geduld und Mut, ja Heiterkeit angetroffen. So getragenes Leid setzt das Beste in einem Menschen frei und lässt intensiver über Ziel und Sinn des Lebens nachdenken.

In jedem von uns gibt es zwei widerstreitende Tendenzen. Einerseits sind wir auf die Wahrung unserer Eigeninteressen bedacht, selbst auf Kosten anderer. Andererseits möchten wir uns in den Dienst der anderen stellen, selbst um einen hohen Preis. Egoismus und Großzügigkeit liegen im Widerstreit. In der Regel ist der letzte Sieg der Großzügigkeit über die Selbstsucht das Ergebnis vieler kleiner Siege der Rücksichtnahme und

Selbstlosigkeit im Alltag. Dabei geht es auch um den Erwerb von Mitgefühl, die Schwester der Großzügigkeit. Diese Form der Anteilnahme ist oftmals wenig entwickelt, vielleicht auch weil man selbst unter Erfolgsdruck steht oder zu sehr auf seine eigenen Wünsche bedacht ist.

Paradoxerweise gilt jedoch: Wer gibt, erhält. Ist der Einsatz auch hoch: was wir empfangen, ist weit mehr!

Den Lohn für unsere Großzügigkeit finden wir tief in uns selbst – dort, wohin nur Gott sieht. Und ist es nicht zumeist so, dass ein großzügiger und mitfühlender Mensch von denen geliebt und geachtet wird, deren Not er begegnet ist, die er in ihrem Leid gestärkt, in ihrer Einsamkeit getröstet und in ihrer Angst und Orientierungslosigkeit begleitet hat?

Gebet

Vater, erfülle unser Herz
mit feinfühliger Liebe
und mach uns bereit,
uns großzügig für andere einzusetzen.

Dienstag der zweiten Woche
UMKEHREN ZUM REICH GOTTES

Biblische Lesung

Lasst ab von eurem üblen Treiben! Hört auf, vor meinen Augen Böses zu tun! Lernt, Gutes zu tun! Sorgt für das Recht! Helft den Unterdrückten! Verschafft den Waisen Recht, tretet ein für die Witwen! Kommt her, wir wollen sehen, wer von uns recht hat, spricht der Herr. Wären eure Sünden auch rot wie Scharlach, sie sollen weiß werden wie Schnee. Wären sie rot wie Purpur, sie sollen weiß werden wie Wolle.

Jesaja 1,16-18

Impuls zur Meditation

Ich werde nie aufhören, betroffen zu sein von dem Leid, das wir Menschen einander zufügen … Wir bräuchten ein soziales und politisches System, das auf der gegenseitigen Liebe gegründet ist! Manchmal denke ich, ein solcher Gedanke muss naiv und weltfremd wirken. Aber ist es nicht auch naiv, auf irgendetwas anderes hoffen zu wollen? Sicher ist jedenfalls: Wo das Gegenteil von Liebe herrscht: Hass, Selbstbehauptung, Eifersucht, Rivalität, dort gibt es keinen Frieden. Die Liebe, von der ich spreche, ist kein schwächliches Gefühl, kein vages Den-anderen-Mögen, nicht bloße Emotion. Die Liebe, die ich meine, fordert mich auf, sogar den Feind zu lieben.

Sie bewirkt eine Veränderung des Herzens, das Ende von Gewalt, Grausamkeit, Mord, die Abkehr von allem, was uns von Gott trennt, und die Hinwendung zu ihm.

Das Reich Gottes schlägt Wurzeln in dem Maß, als die Bewohner der irdischen Stadt sich vom Bösen abwenden zu Gott hin. Es gibt keine Hinkehr zu Gott, die nicht zugleich danach fragt, worin die Liebe besteht, die er uns zeigt und die wir für ihn haben sollten. Und dies ist nicht zu trennen von der Liebe, die wir füreinander haben sollen …

„Lernt, Gutes zu tun! Sorgt für das Recht! Helft den Unterdrückten!"

Gebet

Vater, wir wenden uns an dich.
Lass uns verstehen, was lieben heißt,
was es bedeutet, dich und unsere Nächsten
von Tag zu Tag inniger zu lieben.

Mittwoch der zweiten Woche
ANTEIL AN DER PASSION CHRISTI

Biblische Lesung

Die Mutter der Zebedäus-Söhne sagte zu Jesus:
Versprich, dass meine beiden Söhne in deinem Reich rechts und links neben dir sitzen dürfen. Jesus erwiderte: Ihr wisst nicht, um was ihr bittet. Könnt ihr den Kelch trinken, den ich trinken werde? Sie sagten zu ihm: Wir können es. Da antwortete er ihnen: Ihr werdet meinen Kelch trinken. Matthäus 20,21-23

Impuls zur Meditation

Oft sind wir gerufen, das Leiden Christi zu teilen – im Kleinen, jeden Tag: in Schwierigkeiten, inmitten von Widrigkeiten und Missverständnissen. Wir kennen Belastung und Anspannung, Trauer und Kummer; ja, wir haben in unserem Leben teil an der Passion Christi – um auch am Leben des Auferstandenen teilzuhaben.

Das Leiden bewahrt uns vor dem illusorischen Glauben, das Entscheidende sei die innerweltliche Erfüllung. Unser Schatz ist im Himmel. Jede Schwierigkeit im Leben ist ein Anruf Gottes, unsere Aufmerksamkeit ihm zuzuwenden und in ihm den letzten Sinn unseres Lebens zu finden.

Das Leiden hat aber noch eine tiefere, mystische Ebene: In schmerzlichen Situationen kann die Verbindung mit Christus wachsen. Wenn wir in schwierigen Zeiten über seine Passion nachdenken, verstehen wir tiefer, was er für uns getan hat. Im Hinhören auf die innere Stimme kann der Christ in leidvollen, harten Zeiten eine Ahnung davon bekommen, dass er Anteil hat am Leiden Christi, mehr noch: dass dies sogar gut für ihn ist, weil es ihn Christus näher bringt.

Gebet

Vater, hilf uns, unser Leiden
in Liebe zu dir anzunehmen,
damit du es verwandelst
und uns Anteil gibst an Christi Auferstehung.

Donnerstag der zweiten Woche
ANNEHMEN, WAS UNS BEGEGNET

Biblische Lesung

Es war einmal ein reicher Mann, der sich in Purpur und feines Leinen kleidete und Tag für Tag herrlich und in Freuden lebte. Vor der Tür des Reichen aber lag ein armer Mann namens Lazarus, dessen Leib voller Geschwüre war. Er hätte gern seinen Hunger mit dem gestillt, was vom Tisch des Reichen herunterfiel.

Lukas 16,19-21

Impuls zur Meditation

Sich vorzunehmen, auf dies oder jenes zu verzichten, könnte sonderbar, lebensverneinend oder gar selbstquälerisch erscheinen. Ich meine, wir sollten in diesem Zusammenhang bedenken, dass das Leben an sich vielerlei Frust, Kummer, Leid kennt. Und wenn etwas derartiges unseren Weg kreuzt – und das ist unvermeidlich –, schrecken wir instinktiv davor zurück, wir verstecken uns oder fliehen davor. Das ist eine ganz natürliche Reaktion. Da kann uns helfen, von Zeit zu Zeit ganz bewusst Traurigkeit, Frust oder Leid anzunehmen. Und ein gelegentlicher freiwilliger Verzicht, eine kleine Entsagung kann uns bereiter machen, mit Dingen, die wir uns nicht ausgesucht haben, fertig zu werden.

Im Lauf eines Jahres verpassen wir viele Gelegenheiten, Gott zu dienen. Dafür gibt es viele

Gründe; manchmal liegt es daran, dass wir zu viel an uns selber denken, uns selbst suchen und es an Großherzigkeit fehlen lassen. Die Fastenzeit ist eine Gelegenheit, ein wenig davon „wettzumachen“, indem wir auch einmal aus Liebe zu Gott etwas „Unvernünftiges“ tun.

Nicht weniger wichtig ist, dass wir uns durch einen Verzicht, durch ein bewusstes Ja zu Dingen, die unbequem sind und uns etwas kosten, in die solidarische Gemeinschaft mit den vielen leidgeprüften Mitmenschen in aller Welt hineinstellen können. In aller Regel denken wir wenig daran, dass wir im verwöhntesten Teil der Erde leben, und wir vergessen, wie viel das Leben der Mehrzahl unserer Mitmenschen zumutet. Christus hat sich mit jedem von ihnen verbunden, auch wir sollten zumindest den Wunsch haben, solidarisch mit ihnen zu werden.

Gebet

Herr, lass uns
den Wert der kleinen Opfer begreifen
und Zeichen der Solidarität
mit unseren Brüdern und Schwestern setzen.

Freitag der zweiten Woche
HOFFNUNG, VERGEBUNG, LIEBE

Biblische Lesung

Der Geist Gottes, des Herrn, ruht auf mir; denn der Herr hat mich gesalbt. Er hat mich gesandt, damit ich den Armen eine frohe Botschaft bringe und alle heile, deren Herz zerbrochen ist, damit ich den Gefangenen die Entlassung verkünde und den Gefesselten die Befreiung. Jesaja 61,1; vgl. Lukas 4,18f

Impuls zur Meditation

Christus ist für uns alle gekommen, für alle, die in Not sind, für alle, die auf Heilung warten. Ja, er ist vor allem zu den Armen gesandt, zu den Gefangenen, zu denen, deren Herz zerbrochen ist, zu den Unterdrückten. Seine Hauptsorge gilt denen, die wir heute als „Randgruppen" bezeichnen würden: Menschen, die aus dem einen oder anderen Grund an den Rand unserer Gesellschaft gedrängt wurden; die materiell Armen, die Heimatlosen, die alten Menschen, jene, die in unserer Gesellschaft irrtümlich für mehr oder weniger nutzlos gehalten werden.

Die Frohe Botschaft ist eine Botschaft der Hoffnung. Keine noch so dunkel oder aussichtslos erscheinende Situation rechtfertigt Hoffnungslosigkeit.

Die Frohe Botschaft ist eine Botschaft der Vergebung und der Möglichkeit des neuen Anfangs, auch in vertrackten, komplexen Situationen, auch dort, wo sich ungute Gewohnheiten eingeschlichen haben.

Die Frohe Botschaft ist eine Botschaft der Liebe. Viel zu wenig sind wir uns bewusst, wie warmherzig und innig Gottes Liebe zu uns ist.

Von Gott sprechen bedeutet von Hoffnung, von Vergebung und Liebe sprechen … Es ist in der Tat eine ermutigende, eine frohe Botschaft.

Gebet

Vater, mache uns zu Boten
der Hoffnung, Vergebung und Liebe,
die du jedem Menschen schenken willst.

Samstag der zweiten Woche
VERLOREN UND WIEDERGEFUNDEN

Biblische Lesung

Der Vater sah seinen Sohn schon von weitem kommen, und er hatte Mitleid mit ihm. Er lief dem Sohn entgegen, fiel ihm um den Hals und küsste ihn. Da sagte der Sohn: Vater, ich habe mich gegen den Himmel und gegen dich versündigt; ich bin nicht mehr wert, dein Sohn zu sein. Der Vater aber sagte zu seinen Knechten: … Wir wollen essen und fröhlich sein. Denn mein Sohn war tot und lebt wieder; er war verloren und ist wiedergefunden worden.

Lukas 15,20b-24

Impuls zur Meditation

Jesu Gleichnis handelt von einem jungen Mann, der von zu Hause fortgeht, nachdem er das ihm zustehende Erbteil eingefordert und sein Vermögen durch ein zügelloses Leben verschleudert hat. Vielleicht war er im Dornengestrüpp des Lebens hängen geblieben: Er hatte das schnelle Vergnügen in Dingen gesucht, die ihn dann zum Gefangenen machten und nicht mehr losließen. Je mehr er versuchte, sich von ihnen zu befreien, desto fester hatten sie ihn im Griff. Es gibt so manches, was uns „fesselt" – auch in dem Sinn, dass es uns zu Gefangenen macht. Wir wollen alles sofort und steuern langfristig in die Katastrophe …

Jesus war dafür kritisiert worden, dass er sich mit den falschen Leuten abgab – „er gibt sich mit Sündern ab und isst sogar mit ihnen". Das Gleichnis vom verlorenen Sohn und vom barmherzigen Vater ist eine Entgegnung auf diesen Vorwurf: Am Beispiel des Vaters erzählt Jesus uns etwas sehr Wichtiges über Gott (und so erschließt sich auch sein eigenes Verhalten).

Besonders fällt auf, wie der Vater reagiert, als er seinen Sohn von fern erblickt. Ich empfinde es als eine der erstaunlichsten Erklärungen, ja eine Offenbarung, wie Gott ist. Dieser eine, einfache Vers kann unser Leben verwandeln! Ein Vater, der seinem Kind entgegenläuft, einer, der voller Erbarmen für uns ist, der uns in die Arme schließen will, der uns ganz einfach bei sich haben möchte.

All das ist die Sprache der Liebe. Es ist … die Sprache Gottes!

Gebet

Vater, stärke in uns das Vertrauen
auf deine Liebe,
wenn wir uns von den Dingen abwenden,
die uns gefangen nehmen;
komm uns entgegen
und nimm uns auf.

3. WOCHE

Dritter Fastensonntag
DURST NACH GOTT

Biblische Lesung

Jesus antwortete der Frau aus Samarien: Wer von diesem Wasser [aus dem Brunnen] trinkt, wird wieder Durst bekommen; wer aber von dem Wasser trinkt, das ich ihm geben werde, wird niemals mehr Durst haben; vielmehr wird das Wasser, das ich ihm gebe, in ihm zur sprudelnden Quelle werden, deren Wasser ewiges Leben schenkt. Johannes 4,13f

Impuls zur Meditation

Viele Menschen sehnen sich heutzutage nach religiösen Erfahrungen. Sie suchen, wenn man so sagen kann, einen realen, direkten Gott. Sie wollen eine Erfahrung, einen Glauben, der eine Bedeutung für ihr Leben hat und ihnen etwas bringt. – Auch ein solches Verlangen nach einer unmittelbaren Begegnung mit Gott ist ein kostbares Geschenk. Es ist ein Zeichen für Gottes immerwährende, verwandelnde Gegenwart in uns und in unserer Welt. Allerdings kann mit diesem Wunsch auch eine Gefahr verbunden sein; denn Erfahrungen und Gefühle kommen und gehen; was vor einem Jahr noch spannend war, ist heute vielleicht schon bedeutungslos, ja banal.

Das Christentum gründet in der Offenbarung. Es ist mehr als ein Gefühl. Um empfänglich zu sein für Gott, braucht es Demut, Vertrauen und Offenheit. Der Glaubende muss die Offenbarung wie einen Samen des Lebens und der Liebe in sich aufnehmen, sodass sie ihn von innen her verwandelt …

Neben der Sehnsucht nach religiöser Erfahrung finden wir heute auch ein gewachsenes Bewusstsein der Verbundenheit der Menschen. Gewiss gibt es auch Tendenzen, sich zu verschließen, doch viele Menschen sind sensibel für die Nöte anderer, für die Opfer von Naturkatastrophen, Hungersnöten … Die Ausbreitung der Gottesherrschaft erfordert Kraft, Geduld und Einsatz. Wir können nicht einfach darauf warten, dass das Reich Gottes anbricht. Wir müssen unablässig dafür beten, unermüdlich dafür arbeiten und lernen, die Zeichen seines Kommens wahrzunehmen.

Gebet

Herr, stille unseren Durst nach dir
und unser Verlangen
nach deiner Gerechtigkeit.

Montag der dritten Woche
IN GOTTES GEGENWART LEBEN

Biblische Lesung

Meine Seele verzehrt sich in Sehnsucht nach dem Tempel des Herrn. Mein Herz und mein Leib jauchzen ihm zu, ihm, dem lebendigen Gott.
Psalm 84,3

Impuls zur Meditation

Zu dem, was den Menschen ausmacht, gehört das grundlegende Bedürfnis nach Gott. Sein Geist ist ruhelos, stets auf der Suche nach der Wahrheit, nach dem letzten Sinn, nach Wissen, nach Gründen. Erst wenn aller Wissensdurst gestillt ist und wir uns unbedingt geliebt wissen, werden wir Ruhe finden.

Die Erfahrung vollkommener Liebe gehört der Zukunft an: wenn wir auf ewig in der unmittelbaren Schau Gottes leben. Hier auf der Erde bemühen wir uns darum, zumindest ein wenig davon zu erlangen und uns seiner Gegenwart in uns bewusst zu werden. Sich auf diese Entdeckungsreise und Suche zu machen verlangt immer wieder eine Bekehrung des Herzens. Doch wo können wir ansetzen? Wie geht das: nach Gott Ausschau zu halten, um ihn zu finden oder wenigstens einen Blick auf ihn zu erhaschen?

Wir können versuchen, auf seine Stimme zu hören, die uns ruft. Manchmal vernehmen wir zumindest eine Art Echo seines Rufes. Sicher werden wir ihn nicht so sehen, wie er ist; wir sollten auch nicht erwarten, dass wir klar und zwingend seine Stimme hören.

Jetzt können wir nur *etwas* von Gott sehen. Wir können ihn zum Beispiel in seinem Werk, der Schöpfung, erkennen, wie ein Kunstwerk etwas über den Künstler sagt.

Wir können auf sein Wort in der Heiligen Schrift hören.

Wir können ihn auch in tiefen Erfahrungen der Freude oder des Leids finden.

Wir finden ihn – vor allem – in Jesus, dem menschgewordenen Wort.

Suchen wir also Gottes Spuren: in der Schöpfung, in der Heiligen Schrift, in Jesus Christus; vielleicht bekommen wir eine Ahnung von ihm und hören den Nachhall seiner Stimme. Tief im Herzen werden wir beginnen, seine Gegenwart wahrzunehmen, wenn wir den Blick auf ihn richten und die Sehnsucht nach ihm wachhalten.

Gebet

Vater, lehre uns,
deine Gegenwart zu erkennen
und öffne unser Herz für deine Stimme.

Dienstag der dritten Woche
GROSSHERZIGKEIT

Biblische Lesung

Der Herr sagte: Du elender Diener! Deine ganze Schuld habe ich dir erlassen, weil du mich so angefleht hast. Hättest nicht auch du mit jenem, der gemeinsam mit dir in meinem Dienst steht, Erbarmen haben müssen, so wie ich mit dir Erbarmen hatte? Und in seinem Zorn übergab ihn der Herr den Folterknechten, bis er die ganze Schuld bezahlt habe. Ebenso wird mein himmlischer Vater jeden von euch behandeln, der seinem Bruder nicht von ganzem Herzen vergibt.

Matthäus 18,32-35

Impuls zur Meditation

Wir glauben, dass der Mensch nach Gottes Bild und Gleichnis geschaffen ist und er deshalb eine unveräußerliche Würde besitzt, die ihm nicht genommen werden kann. Wir glauben, dass wir als Kinder des einen Gottes eine einzige Familie bilden und füreinander verantwortlich sind. Wir hüten das Leben als Gottes kostbare Gabe und bemühen uns, es zu verteidigen und zu entfalten.

Im Lauf der Jahrhunderte hat die Kirche erkannt, dass die persönliche Anteilnahme und Großzügigkeit nicht ausreichen, um den Bedürfnissen der leidenden Welt zu begegnen. Wir müssen auch die Prozesse und Strukturen überprüfen und verändern, die Spaltungen, ja den Tod von Menschen mitbedingen. Wir brauchen neue Mechanismen internationaler Zusammenarbeit: eine Solidarität, die zu einer Quelle neuen Lebens werden kann.

Unsere Mitmenschen in aller Welt brauchen keine Gönner, sondern Anteil nehmende Geschwister. Wir müssen den Würgegriff der internationalen Verschuldung lösen, die vielen Menschen das Leben kostet. Einst nannte man überhöhte Zinsforderungen „Wucher". In der Heiligen Schrift und der kirchlichen Tradition wird ein solches Verhalten scharf verurteilt. Wie steht es heute damit?

Wie viel hat Gott uns erlassen! Was erlassen wir unseren Brüdern und Schwestern? Spiegelt unser Verhalten die Großherzigkeit wider, mit der Gott uns behandelt?

Gebet

Herr, hilf uns erkennen,
was unser Beitrag
zu einer gerechteren Welt sein kann,
damit unsere Brüder und Schwestern
in Würde leben können.

Mittwoch der dritten Woche
WAHRE FREIHEIT

Biblische Lesung

Hiermit lehre ich euch, wie es mir der Herr, mein Gott, aufgetragen hat, Gesetze und Rechtsvorschriften ... Ihr sollt auf sie achten und sollt sie halten. Denn darin besteht eure Weisheit und eure Bildung in den Augen der Völker.

Deuteronomium 4,5f

Impuls zur Meditation

Sind die Gebote, die ethischen Forderungen der Bibel ein Zwang, eine Beschränkung unserer Freiheit? Man sagt, um frei zu sein, müssten die Menschen selbst darüber bestimmen können, was erlaubt ist und was nicht. Wer sich den Vorschriften eines anderen unterwerfe, der könne nicht frei sein.

Gewiss: Ethisches Verhalten setzt Freiheit voraus. Wenn ich nicht frei wählen kann und nicht zumindest eine Ahnung davon habe, was meine Entscheidung bedeutet, kann ich für mein Handeln nicht verantwortlich gemacht werden. Sittlichkeit setzt ein grundlegendes ethisches Bewusstsein voraus, dass das Gute zu tun und das Schlechte zu meiden ist. Eine Kernfrage der heutigen Gesellschaft lautet vor diesem Hintergrund: Wer entscheidet darüber, was „gut" ist? Sicher gibt es noch immer einige allgemein anerkannte ethische Standards. Werte wie Ehrlichkeit, Freundlichkeit, Großzügigkeit, Rücksichtnahme, Mitgefühl, Treue in den Beziehungen und Achtung vor dem menschlichen Leben werden von vielen Menschen geteilt.

Ethische Verantwortung verlangt von jedem von uns, dass wir uns unser eigenes Urteil bilden. Darin aber sind wir nicht uns selbst überlassen. Wir werden geführt, freilich nicht so, dass Gott uns die Entscheidung abnähme. Wir können unserer Verantwortung (und damit unserer Würde!) nicht durch einen blinden, gedankenlosen Gehorsam entgehen.

Im Gewirr und in der Komplexität so vieler Situationen ist es uns aufgegeben, die Verantwortung für ethische Entscheidungen zu übernehmen. Wir müssen Gebrauch machen von der Gabe der Freiheit, indem wir uns stets um eine weise und gute Wahl bemühen, die mit den objektiven ethischen Normen im Einklang steht.

Gebet

Vater, leite uns, dass wir unsere Freiheit klug gebrauchen,
dass wir auf dein Wort hören
und in diesem Licht
die richtigen Entscheidungen treffen.

Donnerstag der dritten Woche
ANTEIL AM GÖTTLICHEN LEBEN

Biblische Lesung

Hört auf meine Stimme, dann will ich euer Gott sein und ihr sollt mein Volk sein … Sie aber hörten nicht und neigten mir ihr Ohr nicht zu, sondern folgten den Eingebungen und Trieben ihres bösen Herzens. Sie zeigten mir den Rücken und nicht das Gesicht. Jeremia 7,23f

Impuls zur Meditation

Wenn wir uns Gott zuwenden, wenn wir für ihn leben, dann leben wir *das* Leben …

Gott ist es, der unser Leben trägt und hält. Er will unser Leben; sonst fielen wir augenblicklich ins Nichts zurück, aus dem wir erschaffen wurden. Wenn dies schon für das „natürliche" Leben gilt, um wie viel mehr für unser neues Leben in Christus! Er schenkt es uns, indem er uns innerlich berührt; an uns liegt es, ob wir ihn wirken lassen oder es ihm verwehren.

Durch sein Leiden, durch seinen Tod und seine Auferstehung hat Christus den Abgrund überbrückt, der zwischen Gott und Mensch bestand; nur er konnte diese Kluft überwinden. Er, der Gott und Mensch ist, ist der Mittler zwischen Gott und Mensch. Er hat unser Leben angenommen und am Kreuz seinem Vater all das übergeben, was den Menschen ausmacht. Zugleich hat er den Menschen Anteil gegeben am göttlichen

Leben. Es kam Christus zu, Gott „die Dinge des Menschen“ zu geben und den Menschen „die Dinge Gottes“, das Göttliche. Leiden, Tod und Auferstehung Christi, die wir in der österlichen Zeit feiern, sind somit das Zentrum aller Geschichte. Wie schön wäre es, wenn wir uns dessen, was Christus für uns getan hat und bedeutet, bewusster würden und möglichst viele Menschen damit in Berührung kämen.

Gebet

Herr, hilf uns,
unseren Blick zu richten
auf das göttliche Leben,
das du uns erworben hast.

Freitag der dritten Woche
NACH GOTTES WILLEN FRAGEN

Biblische Lesung

Du sollst den Herrn, deinen Gott, lieben mit ganzem Herzen und ganzer Seele, mit all deinen Gedanken und all deiner Kraft ... Du sollst deinen Nächsten lieben wie dich selbst. Kein anderes Gebot ist größer als diese beiden.

Markus 12,30f

Impuls zur Meditation

Der heilige Benedikt sagt, in der Fastenzeit solle man sich anstrengen. Das bedeutet schlicht, sich in besonderer Weise und mehr als sonst bemühen – aber nicht in der Weise, dass wir Außergewöhnliches tun, als vielmehr dergestalt, dass wir den Sinn darauf richten, die normalen Dinge in rechter Weise zu tun: als Ausdruck des Doppelgebots der Gottes- und Nächstenliebe.

Überprüfen wir einmal die Beziehung zu unseren Mitmenschen und fragen wir uns, ob wir die anderen mit der nötigen Höflichkeit, Großzügigkeit, dem nötigen Feingefühl und Verständnis behandeln und ob ihre Bedürfnisse uns wichtiger sind als das, was wir selbst brauchen.

Und vor allem: Überprüfen wir unsere Haltung gegenüber Gott. Leben wir für ihn, suchen wir wirklich *ihn*? Wollen wir *wirklich* seinen Willen erfüllen? Nehmen wir seinen Willen so an, wie er sich uns durch die Lebensumstände zeigt? Erkennen wir seinen Willen auch in dem, was uns zustößt – in Schwierigkeiten, Enttäuschung? Wollen wir wirklich, was er will und wie er es will? Wollen wir wirklich Gottes Willen auf Gottes Weise oder suchen wir Gottes Willen auf unsere Weise?

Gebet

Vater, gib mir den Mut und die Demut,
wahrhaftig deinen Willen zu suchen,
indem ich dich und meinen Nächsten liebe.

Samstag der dritten Woche
GOTT, HAB ERBARMEN MIT MIR SÜNDER

Biblische Lesung

Zwei Männer gingen zum Tempel hinauf, um zu beten … Der Pharisäer stellte sich hin und sprach leise dieses Gebet: Gott, ich danke dir, dass ich nicht wie die anderen Menschen bin … Ich faste zweimal in der Woche und gebe dem Tempel den zehnten Teil meines ganzen Einkommens. Der Zöllner aber blieb ganz hinten stehen und wagte nicht einmal, seine Augen zum Himmel zu erheben, sondern schlug sich an die Brust und betete: Gott, sei mir Sünder gnädig! Ich sage euch: Dieser kehrte als Gerechter nach Hause zurück.

Lukas 18,10.13f

Impuls zur Meditation

Christi Botschaft ist eine Botschaft der Liebe. Auch die Art, wie er uns berührt, etwa in den Sakramenten, ist die Geste eines Liebenden. In diesem Wissen lese ich auch eine meiner bevorzugten Bibelstellen: das Gleichnis vom Zöllner und vom Pharisäer.

Jeder von uns wird sich im Lauf seines Lebens in wachsendem Maße seiner Grenzen und seiner Gebrechlichkeit bewusst. Wir merken immer mehr, dass wir in mancherlei Hinsicht Versager sind. Wir wissen, dass wir Gott oft nicht so antworten, wie er es sich wünscht und wie wir selbst tief drinnen wissen, dass wir es sollten.

Kein Mensch kann damit prahlen, dass er die Gebote samt und sonders und immer befolgt hätte. Wer sich selbstherrlich vor Gott stellt und sagt: Ich habe niemals Ehebruch begangen, ich betrüge nicht, ich stehle nicht, ich faste …, der wird vor Gott schwerlich Gnade finden.

Ganz anders handelt der Zöllner: Er „blieb ganz hinten stehen und wagte nicht einmal, seine Augen zum Himmel zu erheben, sondern schlug sich an die Brust und betete: Gott, sei mir Sünder gnädig!"

„Gott sei mir Sünder gnädig": Etwas anderes zu sagen ist nicht nötig. Er gibt es zu, er kann nichts vorweisen, wofür er Gottes Gunst verdient hätte, außer – und das ist das Wunderbare – seine Schwäche, sein Ungenügen, seine Niederlagen, sein Nichts.

Ein Mensch, der demütig ist, gefällt Gott. Ist es nicht wunderbar, sagen zu können: Ich bin ein Sünder, hab Erbarmen mit mir!

Halten wir einen Moment inne und identifizieren wir uns mit diesem Zöllner.

Ich tue es; und ich gestehe: Es fällt mir nicht schwer!

Gebet

Gott, sei mir Sünder gnädig.
Nimm meine Schwachheit an,
mein Ungenügen, meine Niederlagen.
Ich schenke sie dir.

4. WOCHE

Vierter Fastensonntag
AUF DER SUCHE NACH GOTT

Biblische Lesung

Als der Sohn alles durchgebracht hatte, kam eine große Hungersnot über das Land und es ging ihm sehr schlecht … Da ging er in sich und sagte: Wie viele Tagelöhner meines Vaters haben mehr als genug zu essen und ich komme hier vor Hunger um. Ich will aufbrechen und zu meinem Vater gehen und zu ihm sagen: Vater, ich habe mich gegen den Himmel und gegen dich versündigt. Ich bin nicht mehr wert, dein Sohn zu sein; mach mich zu einem deiner Tagelöhner. Dann brach er auf und ging zu seinem Vater.

Lukas 15,17-20

Impuls zur Meditation

Seit langem bin ich davon überzeugt, dass die Menschheit unentwegt auf der Suche nach Gott ist. Vielleicht ist es uns oft nicht bewusst; doch sofern wir nach Wahrheit, Güte, Schönheit suchen, sofern wir auf der Suche sind nach Liebe, Gerechtigkeit, Glück, sind wir auf der Suche nach Gott. Wenn wir solche Erfahrungen des Suchens machen, werden wir – das glaube ich fest – Gott zu Gesicht bekommen.

Wir Menschen suchen Gott, weil Gott es ist, der uns sucht. Das ist die richtige Reihenfolge, denn in jedem Fall und in jedem Augenblick liegt die Initiative bei ihm. Was ist bewegender und tröstlicher als die kleine Szene, die auf den Entschluss des jüngeren Sohnes, wieder zum Vater zurückzukehren, folgt? Der Vater läuft ihm entgegen: ein beredtes Gleichnis dafür, wie Gott uns sieht und jeden von uns versteht! Denken wir daran: Der Vater schaut auf mich, hat Erbarmen mit mir; er läuft mir entgegen, um mich zu umarmen und zu küssen.

Ja, der Vater ist beständig auf der Suche nach uns, seinen eigenwilligen Söhnen und Töchtern. Wenn wir auf unserer Suche nach Gott vorangehen, werden wir Christus entdecken. Wir sind verwundet, manchmal scheinen wir verloren, oft täuschen wir uns, auf welchem Weg wir Gott suchen und dienen sollen, doch irgendwann kommen wir zu ihm zurück, ganz bestimmt!

Gebet

Vater, hilf mir,
in jedem Augenblick meines Lebens
dich so zu suchen,
wie du mich suchst.

Montag der vierten Woche
MITBAUEN AM NEUEN JERUSALEM

Biblische Lesung

Schon erschaffe ich einen neuen Himmel …
Ihr sollt euch ohne Ende freuen
und jubeln über das, was ich erschaffe.
Denn ich mache aus Jerusalem Jubel
und aus seinen Einwohnern Freude.
Ich will über Jerusalem jubeln
und mich freuen über mein Volk.

Jesaja 65,17-19

Impuls zur Meditation

Es braucht Christen, die ihren Glauben leben und Gott bezeugen. Unsere Aufgabe besteht darin, das tägliche Leben zu heiligen, zu Hause wie im Beruf. Die Bedeutung des Alltags wird oft verkannt; wir vergessen leicht, dass authentische Heiligkeit darin besteht, Gottes Willen zu erfüllen, wo immer wir sind, was immer wir tun …

Wir sind gerufen, mitzuwirken, damit das Reich Gottes in der Welt zum Zuge kommt. Wir sollen „mitbauen" am „neuen Jerusalem". Dazu gehört auch, dass wir uns den ernsten Problemen und Gefahren unserer Zeit stellen. Der Einsatz für das Gottesreich ist nichts Abstraktes. Es ist ein „Kampf", der hier und jetzt zu führen ist, unter Bedingungen, welche die Geschichte und die aktuellen Erfordernisse vorgeben. Nehmen wir die Probleme unserer Zeit in Angriff, und machen wir uns dabei, so gut es geht, frei von dem Wunsch zu herrschen. Vertrauen wir stattdessen auf die Kraft der göttlichen Liebe, seien wir dialogbereit und flexibel und verlieren wir nie die Geduld und die Hoffnung.

Gebet

Herr, hilf mir,
im Vertrauen auf dein Wirken in der Welt
deinen Willen zu erfüllen,
mit Entschlossenheit und mit Ruhe,
auch in den Aufgaben des Alltags,
und dadurch Zeugnis zu geben
von der Frohen Botschaft.

Dienstag der vierten Woche
AUSSCHAU HALTEN NACH GOTT

Biblische Lesung

Ich schaue aus nach dem Herrn, ich warte voll Vertrauen auf Gott, meinen Retter. Mein Gott wird mich erhören … Er wird mich hinausführen ins Licht, ich werde seine Heilstat erleben.

Micha 7,7.9

Impuls zur Meditation

Das Leben gleicht oft einem Gang durch einen dunklen Tunnel, in der Hoffnung, dass er am Ende zum Licht führt. Jetzt kommt es darauf an weiterzugehen. Von Zeit zu Zeit fällt ein wenig Licht durch einen Spalt. Auch da können wir uns nicht aufhalten: Wir müssen den Weg fortsetzen. Doch die Erinnerung an diesen oder jenen „Spalt" sollten wir mitnehmen; es sind diese Erinnerungen, die uns weitergehen lassen und die Hoffnung wach halten, dass der Tunnel des Lebens ins Licht führt. Auch im Dunkel des Tunnels geht jemand mit mir. Immer ist jemand da, der mir hilft und mich trägt.

Gebet

Vater, hilf mir,
Ausschau zu halten nach dir,
auch wenn ich im Dunkel bin,
und auf dich, meinen Retter, zu warten.

Mittwoch der vierten Woche
GOTT IST AUF DER SUCHE NACH UNS

Biblische Lesung

Zion sagt: Der Herr hat mich verlassen,
Gott hat mich vergessen.
Kann denn eine Frau ihr Kindlein vergessen,
eine Mutter ihren leiblichen Sohn?
Und selbst wenn sie ihn vergessen würde:
ich vergesse dich nicht.

Jesaja 49,14f

Impuls zur Meditation

Von Gott verstehen wir nur sehr wenig. Er ist zu groß für unseren begrenzten Verstand, als dass wir mehr als den Anfang einer Vorstellung haben könnten. Wir wissen nur das, was er selbst uns mitgeteilt hat. Und er hat gesprochen: Er „sprach" und erschuf die Welt, die Sonne, den Mond, die Sterne, das Meer, die ganze Erde. Er „sprach" und erschuf uns als sein Abbild, ihm ähnlich. Er spricht weiter von sich selbst durch die Dinge, die er erschaffen hat. In allem, was schön ist, können wir etwas von ihm sehen.

Gott hat sein besonderes Wort gesagt: Jesus, das menschgewordene „Wort", das unter uns gewohnt hat. Er ist das Bild des unsichtbaren Gottes, die eindrucksvollste Veranschaulichung dessen, was Gott uns durch den Propheten Jesaja sagt: Auch wenn wir den Eindruck haben, Gott habe uns verlassen, spricht er uns zu: „Ich vergesse dich nicht!“ Jesus zeigt, wie sehr Gott uns liebt; er sucht die Beziehung zu uns.

Gebet

Vater, hilf uns,
an deine Liebe zu glauben,
auch wenn wir uns verlassen fühlen.
Zeige uns immer wieder deine Spuren,
in der Schönheit der Natur,
in den anderen Menschen,
in Jesus, deinem Sohn.

Donnerstag der vierten Woche
FALSCHE GÖTTER

Biblische Lesung

Der Herr sprach zu Mose: Geh, steig hinunter, denn dein Volk, das du aus Ägypten heraufgeführt hast, läuft ins Verderben. Schnell sind sie von dem Weg abgewichen, den ich ihnen vorgeschrieben habe. Sie haben sich ein Kalb aus Metall gegossen und werfen sich vor ihm zu Boden. Sie bringen ihm Schlachtopfer dar.

Exodus 32,7f

Impuls zur Meditation

Auch in unserer säkularisierten Gesellschaft führt die – oft unbewusste – Suche nach Gott viele Menschen auf recht seltsame Wege. Doch auch eigenwillige Tendenzen können auf tiefe Wahrheiten hindeuten.

Nicht wenige Menschen jagen in ihrem Verlangen nach Erfüllung Dingen nach, die sich sehr bald als enttäuschend entpuppen. Viele von uns haben sich durch irgendwelche Ideologien in die Irre führen lassen oder illusorischen Verheißungen eines Paradieses auf Erden Glauben geschenkt. Manche versuchen mit Hilfe von Drogen mit Stress und Sinnlosigkeit fertig zu werden und suchen eine „Bewusstseinserweiterung“ – ein zum Scheitern verurteilter Versuch mit oft schlimmen Folgen … Das Streben nach Macht, Reichtum und Vergnügen um jeden Preis kann unseren Geist und unser Herz besetzen: Wir können falsche Götter daraus machen, Ziele, die wir um ihrer selbst willen verfolgen.

Und doch: Tief im Herzen gibt es einen starken Impuls, das zu suchen, was wirklich gut für uns ist. Es ist der Impuls, jenen Schatz zu suchen, der nicht zerstört werden kann. Dieser Impuls rührt daher, dass wir etwas brauchen, das größer und edler ist als wir selber; der Schatz ist Gott selbst.

Gebet

Herr, wende uns ab
von den falschen Göttern,
die wir lieben und anbeten,
damit wir dich, den einen wahren Gott
anbeten und lieben,
dich, in dem die Sehnsucht unseres Herzens
Erfüllung findet.

Freitag der vierten Woche
GOTT NIMMT SICH UNSER AN

Biblische Lesung

Ist der Gerechte wirklich Sohn Gottes, dann nimmt sich Gott seiner an und entreißt ihn der Hand seiner Gegner …

Sie verstehen von Gottes Geheimnissen nichts, sie hoffen nicht auf Lohn für die Frömmigkeit und erwarten keine Auszeichnung für untadelige Seelen. Weisheit 2,18.22

Impuls zur Meditation

Jeder von uns hat eine Last zu tragen; wenn es nicht die von heute ist, dann erinnert man sich zumindest an die von gestern oder stellt sich unvermeidlich auf die eine oder andere morgige Last ein; so ist nun mal das Leben. Es gibt kein menschliches Leben, das nicht seine Lasten hat: Traurigkeiten oder Ängste, ein gebrochenes Herz, vielleicht auch eine heimliche Furcht oder ein chronischer Schmerz, Enttäuschung, Scheitern, eine Verletzung aus der Vergangenheit. Lasten haben verschiedene Formen und ein unterschiedliches Gewicht; doch etwas haben sie gemeinsam: Sie drücken und lassen uns manchmal straucheln und stolpern. Sie erschweren unsere Reise durchs Leben, ja manchmal scheint der Weg nicht weiterzugehen; wir fragen, was das alles soll. Doch dann kann der Moment kommen, in dem wir uns erinnern: Die Lasten, die wir tragen, sollen uns zum Leben führen, zu dem Leben, das mit Christus in Gott verborgen ist. Gott nimmt sich unser an, wie er sich – durch Kreuz und Tod hindurch – Jesu angenommen hat.

Unsere Last ist unser Kreuz; der Herr bittet uns, es zu tragen, wie er das seine getragen hat. Er hilft uns, unser Kreuz zu tragen. Und wenn wir ihm helfen, seine Last zu tragen, werden wir ihm auf eine wunderbare Weise begegnen.

Sein Leiden mit ihm zu teilen, ist die beste Weise, ihm näherzukommen. Es ist ein sicherer Weg, die Bedeutung der Auferstehung zu erkennen und zu entdecken, dass *nichts* uns von seiner Liebe trennen kann, was auch immer uns widerfährt, was auch immer geschieht.

Gebet

Herr, hilf mir,
meine Last
mit deinem Kreuz zu vereinen,
dein Kreuz mitzutragen
und „zuzulassen“, dass du
meine Last mit mir trägst.

Samstag der vierten Woche
EIN ZÄRTLICHER, MITFÜHLENDER GOTT

Biblische Lesung

Jahwe ist ein barmherziger und gnädiger Gott, langmütig, reich an Huld und Treue: Er bewahrt Tausenden Huld, nimmt Schuld, Frevel und Sünde weg. Exodus 34,6f

Impuls zur Meditation

Barmherzigkeit in ihrer reinsten, edelsten, schönsten und liebevollsten Form ist in Gott selbst. In ihm finden wir das Vorbild für das, was Barmherzigkeit meint.

Eines Tages stieß ich in der Bibel auf das Wort „Erbarmen", „Erbarmen Gottes". Und mir ging auf, dass Gott wirklich die Liebe ist.

Die höchste Form barmherziger Liebe ist es, sich anderen hinzugeben. Und die Mitte dieses Sich-Gebens ist das Ja zum anderen.

Das Mitgefühl, das wir anderen zeigen, findet sein Vorbild und seine Orientierung in der Barmherzigkeit, die Gott zuerst uns erweist. Mehr noch: Wir selbst können „Werkzeug" für Gottes Barmherzigkeit werden! Jedes Mal, wenn wir uns für die Not des anderen öffnen, „gebraucht" Gott uns, um ihnen zu zeigen, was Liebe ist.

Da wird die Frohe Botschaft konkret, die wir den anderen Menschen weitergeben sollen … Wir können nicht früh genug beginnen, barmherzig zu sein. Barmherzigkeit beginnt zu Hause und vor der eigenen Haustür. Dort lernen wir, uns um die alten Menschen zu kümmern, um die Kranken, die Behinderten, die Armen, die „Sorgenkinder“.

Gebet

Vater, wie zärtlich und mitfühlend
bist du zu uns.
Lehre uns, unsere Nächsten zu lieben
mit *deiner* Zärtlichkeit und Barmherzigkeit.

5. WOCHE

Fünfter Fastensonntag
MIT GOTT VERBUNDEN ALS SEIN VOLK

Biblische Lesung

Das wird der Bund sein, den ich nach diesen Tagen mit dem Haus Israel schließe – Spruch des Herrn: Ich lege mein Gesetz in sie hinein und schreibe es auf ihr Herz. Ich werde ihr Gott sein und sie werden mein Volk sein. Keiner wird mehr den anderen belehren, man wird nicht zueinander sagen: Erkennt den Herrn!, sondern sie alle, Klein und Groß, werden mich erkennen. Jeremia 31,33f

Impuls zur Meditation

Eine Freundschaft wächst, wenn zwei Menschen zusammen sind oder etwas miteinander tun; wenn sie lange getrennt bleiben, lässt ihre Freundschaft nach, sie werden einander fremd. Gott darf niemals ein Fremder werden …

Jeder von uns braucht Raum und Zeit für das Gespräch mit dem Herrn. Viele von uns müssen sich zum Beten zwingen. Wir dürfen nicht aufhören zu beten, auch wenn wir den Eindruck haben, dass es nichts bringt. Wenn wir durchhalten, werden wir mit der Zeit Geschmack daran finden und feststellen, dass wir wirklich beten wollen.

Es gibt keinen Ersatz für das persönliche Gebet, für das Gespräch mit dem Vater im Himmel oder das Stillsein vor ihm in dem Wissen, dass er da ist.

Doch auch das gemeinsame Gebet ist wichtig: „Wo zwei oder drei in meinem Namen versammelt sind, da bin ich mitten unter ihnen." Nichts führt uns näher zusammen, als miteinander zu beten. Es schafft eine Verbindung. Das christliche Gebet ist sowohl eine persönliche Angelegenheit als auch etwas, das wir – als Gottes Volk – zusammen tun.

Gebet

Herr, lege dein Gesetz in uns hinein,
dass wir dich lieben und suchen,
dass wir Zeit mit dir verbringen,
allein und miteinander,
als Ausdruck der Freundschaft mit dir.

Montag der fünften Woche
GÖTTLICHE LIEBE, GÖTTLICHES URTEIL

Biblische Lesung

Jesus sagte: Ihr urteilt, wie Menschen urteilen, ich urteile über keinen. Wenn ich aber urteile, ist mein Urteil gültig; denn ich urteile nicht allein. Johannes 8,14-16

Impuls zur Meditation

Machen wir uns, wenn wir an Gott denken, stets bewusst, wie sehr er uns liebt. Jesus hat es uns gezeigt durch die Art, wie er die Kranken behandelte, den Schwachen half, sich den Sündern gegenüber verhielt, durch Warmherzigkeit, Zuneigung und Verständnis, aber auch durch die Trauer, die er empfand, wenn jemand ihm die Freundschaft verweigerte. Diese große menschliche Liebe Jesu war seine Weise, uns zu erklären, was Gottes Liebe dir und mir bedeuten sollte.

Viele wachsen auf mit der Vorstellung von Gott als einem Richter, der darauf schaut, ob wir richtig oder falsch handeln, und haben Angst vor ihm. Gewiss ist Gott auch Richter, aber er urteilt nicht, wie Menschen urteilen.

Gewiss sollten wir ihm gegenüber die rechte Art von Furcht empfinden: die Sorge, jemandem, den wir lieben, zu missfallen. Gottesfurcht darf nie Angst vor der Strafe einer strengen Person sein. Vergessen wir nie, dass Gottes Liebe zu uns stärker, gütiger, inniger ist als jede Form menschlicher Liebe, die uns zuteil werden könnte oder die wir für jemanden empfinden könnten. So warmherzig, so stark, so innig ist seine Liebe.

Gebet

Herr Jesus,
lass uns in deiner Liebe und Freundschaft
den liebenden Vater erkennen
und auf ihn vertrauen.

Dienstag der fünften Woche
GOTT IM GEBET BEGEGNEN

Biblische Lesung

Meine Seele dürstet nach Gott,
nach dem lebendigen Gott.
Wann darf ich kommen
und Gottes Antlitz schauen?

Psalm 42,3

Impuls zur Meditation

In uns allen ist ein Philosoph, ein Wissenschaftler und ein Künstler: Auf unserem Lebensweg wollen wir die Welt ergründen, verstehen und, wenn man so sagen kann, „feiern". Gewiss, vieles ist verwirrend, rätselhaft und bleibt unerklärlich; doch ich bin zutiefst davon überzeugt, dass die Schöpfung ein einzigartiger, beständiger Ausdruck von Gottes überfließender Güte und Liebe ist.

In unserem Suchen und Forschen erkunden wir immer auch Spuren des göttliches Geistes; alles Wissen ist eine Art Teilhabe daran. Doch wenn wir einmal am Ziel unserer Reise und unseres Mühens sein werden, wenn wir eintreten in die Gegenwart des lebendigen Gottes, dann erscheint jede andere Erfahrung, jede andere Schönheit wie Stroh. Dann werden wir erkennen, wie wir erkannt sind, und lieben, wie wir geliebt sind. Gott wird alles und in allem sein. Unser ruheloser Geist wird nicht länger auf der

Suche sein, wenn er in der Gegenwart der göttlichen Wahrheit ruht.

Still werden, den Blick nach innen richten, auch auf das Dunkle in uns, auf widerstreitende Gefühle, auf die Leere des Herzens und seine Verwundungen. Wir bedürfen der Heilung. Wir sind nicht, wie wir sein sollten. In der Stille können wir *seine* Stimme hören: Er spricht zu uns auch durch unsere Schwäche und Unzulänglichkeit. Er rät uns, jemand zu suchen, der uns unser inneres Chaos ordnen hilft. Vor allem aber sagt er uns seine Vergebung zu und macht uns Mut. Er spricht zu uns auch durch unsere Ängste; er zieht uns weg von dem, was uns von ihm trennt, damit wir befreit und voll Frieden auf ihn schauen.

Gebet

Vater, meine Seele dürstet nach dir.
Hilf mir, dich zu finden
im Schweigen und in der Stille.
Ich will mich dir hinhalten
mit allem, was in mir ist,
ich will auf dich hören,
auf dass du mir den Weg zum Frieden zeigst.

Mittwoch der fünften Woche
IN DER PRÜFUNG TREU

Biblische Lesung

Gepriesen sei der Gott Schadrachs, Meschachs und Abed-Negos. Denn er hat seinen Engel gesandt und seine Diener gerettet. Im Vertrauen auf ihn haben sie lieber den Befehl des Königs missachtet und ihr Leben dahingegeben, als dass sie irgendeinen anderen als ihren eigenen Gott verehrten und anbeteten.

Daniel 3,95[28]

Impuls zur Meditation

Gott lässt manchmal zu, dass wir irritiert oder erschüttert werden – durch Ereignisse oder Menschen. Wir erleben Enttäuschungen und Missverständnisse, manchmal empfinden wir einfach die Folgen von Überarbeitung und Müdigkeit. Vielleicht sind die Prüfungen im Glauben am belastendsten. Manchmal scheint Gott fern, und das kann eine schwere Last sein.

Im Lauf des Lebens lernen wir uns auf viele solcher Situationen einzustellen. Wir lernen, die Ratschläge, die wir anderen geben würden, selbst zu beherzigen. Wir lernen fertig zu werden mit unseren Problemen und uns durch die kleinen „Nadelstiche" des täglichen Lebens nicht zu sehr verletzen zu lassen.

Doch dabei sollten wir es nicht bewenden lassen: Gerade die schmerzlichen Augenblicke können Momente des Wachsens und Reifens in unserem verborgenen Leben mit Christus werden.

Wir werden dahin kommen, die Zeiten der Anfechtung als „goldene Momente" zu erkennen, und vielleicht sogar dahin, uns an Demütigung, Beleidigung, Not, Verfolgung und Schwierigkeiten zu freuen, die wir für Gott ertragen. Wenn die Zeit der Prüfung kommt, sollten wir uns in der Kunst üben, das Kreuz, das Gott uns auf die Schulter gelegt hat, aus ganzem Herzen und aufrichtig anzunehmen. Welchen Frieden können wir erfahren, wenn wir Gott dafür danken, dass er uns Prüfungen durchmachen lässt.

Gebet

Herr, hilf uns,
in Zeiten der Prüfung
unser Vertrauen auf dich
und deine Treue zu setzen,
damit auch unser Leiden
uns dir näherbringt.

Donnerstag der fünften Woche
GOTT KENNENLERNEN

Biblische Lesung

Mein Vater ist es, der mich ehrt ... Ich kenne ihn, und wenn ich sagen würde: Ich kenne ihn nicht, so wäre ich ein Lügner ... Aber ich kenne ihn und halte an seinem Wort fest.

Johannes 8,54f

Impuls zur Meditation

Auf unserer Suche nach Gott wollen wir entdecken, wie er ist. Wir suchen nicht die Weisheit und das Wissen dieser Welt, sondern etwas, das denen gegeben wird, die am Wort Gottes festhalten und Jesu Wort beherzigen: „Lernt von mir; denn ich bin gütig und von Herzen demütig; so werdet ihr Ruhe finden für eure Seele" (Matthäus 11,29).

Der „Test" für unser geistliches Leben besteht darin, so denke ich, in welchem Maß in uns der Wunsch wächst, Gott zu sehen, zu kennen und zu lieben. Dieser Wunsch kann in uns entbrennen, wenn wir sein Wort hören und bedenken: das, was er uns in der Heiligen Schrift sagt. Es sind Worte, die in jeder Zeit aktuell sind; darin begegnet er uns selbst, das Wort, das Person ist, Jesus Christus.

Natürlich können uns Zweifel befallen, natürlich wird es in einem ernsthaften Gebetsleben auch Phasen der Dunkelheit geben, natürlich wird es Zeiten geben, in denen wir zu kämpfen haben. Wir leben nicht dauernd im Licht einer tiefen geistigen Freundschaft oder in der Wärme einer tiefen Verbundenheit des Herzens. Solches zu erfahren, ist ein Geschenk. Doch wir sollen nicht müde werden, um dieses Geschenk zu bitten und offen dafür zu sein.

Gebet

Herr Jesus, du kennst den Vater.
Öffne unser Herz für dich und dein Wort
und halte in uns die Sehnsucht wach,
den Vater zu erkennen.

Freitag der fünften Woche
AM BODEN, DOCH ICH STEHE WIEDER AUF

Biblische Lesung

Zwar liege ich am Boden,
doch ich stehe wieder auf.
Zwar sitze ich in der Finsternis,
aber der Herr ist mein Licht.
Micha 7,8

Impuls zur Meditation

Die meisten Menschen werden sich irgendwann bewusst, dass es ihnen nicht gelungen ist, ihre Ideale zu verwirklichen. Versagen, Scheitern, innere Unruhe können aber auch zum Freund werden: ein Freund, der uns hilft, demütig zu sein. Demut bedeutet, der Wirklichkeit ins Auge zu sehen, die Wahrheit über uns, über unsere Sündhaftigkeit und Grenzen wahrzunehmen.

Die Demut ist eine liebenswerte Tugend. Einem demütigen Menschen zu begegnen baut auf. Demut ist wesentlich im geistlichen Leben, doch ungewöhnlich schwierig zu erlangen. Sie lädt dazu ein, uns ganz in die Barmherzigkeit Gottes fallen zu lassen. Wir blicken vor allem auf ihn, um uns in ihm zu finden.

Das Wissen um Versagen und um unsere Schwachheit sollte uns nicht entmutigen, sondern zu einem umso größeren Vertrauen auf Gottes Beistand führen. Es geht darum, weniger auf die eigene Vollkommenheit bedacht zu sein, als sich auf Gottes Vollkommenheit auszurichten. Eine zweifache Entwicklung geht so Hand in Hand: Zum einen identifizieren wir uns mehr und mehr mit dem Zöllner, der betete: „Gott, sei mir Sünder gnädig!“ (Lukas 18,13), und zugleich wächst die Überzeugung, dass Gott uns mit einer starken, innigen Liebe liebt.

Gebet

Herr, hilf uns wieder aufzustehen,
wenn wir am Boden liegen.
Lenke unseren Blick
auf dich und deine Barmherzigkeit,
wenn wir, auch durch unser Versagen,
im Finstern sind.

Samstag der fünften Woche
GLAUBE IST KEINE PRIVATANGELEGENHEIT

Biblische Lesung

Ich mache sie in meinem Land, auf den Bergen Israels, zu einem einzigen Volk. Sie sollen alle einen einzigen König haben. Sie werden nicht länger zwei Völker sein und sich nie mehr in zwei Reiche teilen … Ich werde ihr Gott sein und sie werden mein Volk sein. Ezechiel 37,22.27

Impuls zur Meditation

Es gibt keine völlige Trennung zwischen der religiösen und der profanen Welt, so als fände man Gott nur auf der einen, aber nicht auf der anderen Seite. Strahlen der Herrlichkeit Gottes können uns überall treffen, in jedem Moment; sie lassen uns hinter die Dinge und den Alltag blicken …

Das Gespür für das Religiöse gehört, so glaube ich, zur menschlichen Natur. Ist dieser „Instinkt" einmal geweckt und konzentrieren wir Herz und Verstand auf Gott, werden wir möglicherweise deutlicher erkennen, was die richtigen Prioritäten in unserem Leben sein sollten, um so Gott und einander besser dienen zu können. Gott soll „unser König" sein, unser Herr, ihm und seinem Urteil sind wir in erster Linie verantwortlich; sein Volk sollen wir sein. Unser religiöses Engagement ist ja nie eine bloße Privatangelegenheit. Als Gottes Volk sollen wir handeln und unseren

Glauben leben. Das ist unvermeidlich von Belang für das öffentliche Leben. Was unser größter Schatz ist, den wir im Herzen halten, was immer unserem Leben Sinn und Bedeutung gibt, zeigt sich in der Art und Weise, wie wir in Beziehung zueinander stehen. Wir sind füreinander Botschafter der Werte, die jedem von uns wirklich wichtig sind.

Gebet

Vater, hilf uns,
dass unsere Liebe zu dir unser Tun prägt,
unsere Beziehung untereinander
und zu anderen;
lass uns durch unser Leben
in all seinen Aspekten
Zeugnis davon geben,
dass du unser Gott bist
und wir dein Volk sind.

HEILIGE WOCHE – KARWOCHE

Palmsonntag
CHRISTI SIEG

Biblische Lesung

Die Leute, die vor Jesus hergingen und die ihm folgten, riefen: Hosanna dem Sohn Davids! Gesegnet sei er, der kommt im Namen des Herrn. Hosanna in der Höhe! Als er in Jerusalem einzog, geriet die ganze Stadt in Aufregung, und man fragte: Wer ist das? Die Leute sagten: Das ist der Prophet Jesus von Nazaret in Galiläa.

Matthäus 21,9-11

Impuls zur Meditation

Der Einzug Jesu in Jerusalem war von Jubel begleitet, doch nur wenige Tage später wurde er gedemütigt, gefoltert und hingerichtet. Der Kontrast zwischen der Prozession am Palmsonntag und den Geschehnissen des Karfreitags ist überdeutlich: an einem Tag Ehre, kurz danach die völlige, katastrophale Erniedrigung.

Den wahren Sieg errang Jesus durch Leiden und Tod – in seiner Auferstehung. In diesem Licht können wir sagen: Die Geschichte geht gut aus; deshalb lesen wir sie, deshalb betrachten wir sie, deshalb feiern wir sie. Die Geschichte endet gut, weil in der Auferstehung Sünde und Tod überwunden sind.

Es fällt oft schwer, die Karwoche als eine besondere Woche zu verbringen, uns Zeit zu nehmen zu Besinnung und Gebet. Doch so weit es in unseren Möglichkeiten liegt, sollten wir uns ab und zu aus unseren Aktivitäten „herausstehlen" und einfach die Leidensgeschichte lesen. Lassen wir sie auf uns wirken, denken wir darüber nach, nehmen wir sie als Anstoß, mit dem Herrn ins Gespräch zu kommen.

Gebet

Herr, in dieser heiligen Woche
werden wir deines Leidens und Sterbens
und deiner Auferstehung gedenken.
Wir wollen bei dir sein
und Zeit mit dir verbringen.
Hilf uns, aus dieser inneren Sammlung
unseren Alltag zu leben.

Montag in der Karwoche
FÜR EINE GERECHTE GESELLSCHAFT

Biblische Lesung

Ich, der Herr, habe dich aus Gerechtigkeit gerufen, ich fasse dich an der Hand. Ich habe dich geschaffen und dazu bestimmt, der Bund für mein Volk und das Licht für die Völker zu sein: blinde Augen zu öffnen, Gefangene aus dem Kerker zu holen und alle, die im Dunkel sitzen, aus ihrer Haft zu befreien. Jesaja 42,6f

Impuls zur Meditation

Für jeden von uns ist es wichtig zu helfen, wo und wann immer wir auf eine Not stoßen. Doch wir können uns nicht damit zufrieden geben, nur unsere Hilfe anzubieten. Wir müssen uns auch nach Kräften dafür einsetzen, Strukturen zu verändern, die ungerecht sind und Entwicklung verhindern. Drängen wir die zuständigen Instanzen auf allen Ebenen, ihre Verantwortung für das Wohl der Menschen wahrzunehmen, insbesondere für die Armen und Benachteiligten.

Christen haben eine eigene, tiefe Motivation, an einer gerechteren Gesellschaft mitzuwirken. Die Heilige Schrift sagt uns, dass der Mensch nach dem Bild Gottes, ihm ähnlich geschaffen ist. Wird das verkannt, geraten die Schwachen, Bedürftigen und Benachteiligten leicht aus dem Blick. Doch jeder Mensch, ob Mann oder Frau, gleich welcher Hautfarbe oder religiösen Überzeugung, unabhängig von Stellung und äußeren Gegebenheiten, spiegelt etwas von der Schönheit und der Wahrheit Gottes. Jeder Mensch ist kostbar in den Augen des liebenden Vaters. Jeder hat eine Würde und eine Bestimmung von Gott, die weder geleugnet noch ignoriert werden darf. Diese Würde müssen wir achten. Es ist undenkbar, dass ein Christ das Wohlergehen auch nur eines Menschen für unwichtig oder irrelevant hält.

Gebet

Vater, du hast deinen Sohn gesandt
als Licht für die Völker,
dass er blinde Augen öffne
und die Menschen aus ihrer Not befreie.
Zeige uns, wie auch wir
mitwirken können an einer gerechteren Welt,
wie wir konkret bezeugen können,
dass jeder einzelne Mensch dir wichtig ist.

Dienstag in der Karwoche
BIS AN DIE ENDEN DER ERDE

Biblische Lesung

Hört auf mich, ihr Inseln,
merkt auf, ihr Völker in der Ferne!
Der Herr hat mich schon im Mutterleib berufen;
als ich noch im Schoß meiner Mutter war,
hat er meinen Namen genannt …
Ich mache dich zum Licht für die Völker;
damit mein Heil
bis an das Ende der Erde reicht.

Jesaja 49,1.6

Impuls zur Meditation

Wir leben in einer Zeit des Wandels und der Ungewissheit. Viele Menschen in aller Welt stellen sich tiefe Fragen – über das Leben, über das Leid, über den Tod, darüber, was das Leben lebenswert macht. Die Menschen suchen Sicherheit und Licht. Wir beobachten, dass viele empfänglich und offen für etwas sind, was gut, wahr und schön ist. Heute – wie immer – strebt das Herz der Menschheit mit seinem Verlangen über das Hier und Jetzt hinaus, über unsere gegenwärtige Welt: In allem Suchen sind wir auf der Suche nach dem, was unendlich, was ewig ist.

Ohne Frage herrscht unter den Völkern eine Sehnsucht nach Einheit; es gibt in vielen ein neues Gespür für Gerechtigkeit und ein Verlangen nach Frieden. Wir merken, dass die Schöpfung auf dem Spiel steht, dass wir gerechter und in völlig anderer Weise mit den begrenzten Ressourcen unseres Planeten umgehen müssen.

Es gehört zur Sendung des Volkes Gottes, sich für Einheit, Gerechtigkeit und Frieden zu engagieren; denn dies ist integraler Bestandteil der Frohen Botschaft.

Gebet

Vater, du liebst deine Geschöpfe
und möchtest, dass dein Heil
bis an die Enden der Erde reicht.
Lass uns verstehen,
wie unser Beitrag aussehen kann
und wie wir mitwirken können,
Einheit, Gerechtigkeit und Frieden
in der Welt zu verbreiten.

Mittwoch in der Karwoche
VERRAT AN CHRISTUS?

Biblische Lesung

Jesus sagte [beim letzten Abendmahl]: Der, der die Hand mit mir in die Schüssel getaucht hat, wird mich verraten. Der Menschensohn muss zwar seinen Weg gehen, wie die Schrift über ihn sagt. Doch weh dem Menschen, durch den der Menschensohn verraten wird … Da fragte Judas, der ihn verriet: Bin ich es etwa, Rabbi?

Matthäus 26,23-25

Impuls zur Meditation

Wenn ich an den Verrat des Judas denke, fehlen mir die Worte. Wie gemein ist es, einen anderen Menschen auf diese Weise zu verraten!

Gewiss, es ist gut und richtig und ermutigend, lang und breit über Gottes Barmherzigkeit und Liebe zu uns nachzudenken. Doch es wäre falsch, wenn wir darüber blind würden für die Wirklichkeit der Sünde. Es gibt sie, sie ist Teil dieser oft unglücklichen Welt. Und es wäre dumm und gefährlich, mit dem Finger auf andere zu zeigen, ohne unsere eigene Sünde zur Kenntnis zu nehmen.

Natürlich gibt es Sünden, die mit unserer Schwachheit zusammenhängen; sie sind zu unterscheiden von einer bewussten, freien Entscheidung, etwas zu tun, was falsch ist. Doch es bleibt dabei, dass jeder von uns mehr oder weniger mit Sünden beladen ist; diesem Gedanken sollten wir uns nicht entziehen. Christus hat gelitten und ist gestorben – auch wegen der Sünden der Welt, der Menschen aller Zeiten, auch der unseren.

Dieser Gedanke soll uns nicht deprimieren. Natürlich braucht es das Bedauern, das Bekenntnis unseres Schuldigwerdens, die Reue und das Bemühen um Wiedergutmachung. Unsere Zeit verlangt sogar ein klareres Bewusstsein dessen, was Sünde ist: Jedes Mal, wenn wir unser Herz vor der Not des anderen verschließen, sündigen wir. Wann immer wir das Vergnügen um seiner selbst willen suchen, sündigen wir. Ja, es braucht heute dieses Bewusstsein, denn damit das Gute Oberhand gewinnt, sind auch Anstrengung und Mühe vonnöten.

Gebet

Herr, wir alle sind mit Sünde beladen.
Hilf uns, unsere Sünden einzugestehen
und uns von ihnen abzuwenden
und uns auszurichten auf dich.

Gründonnerstag
SCHWEIGEND BEI JESUS SEIN

Biblische Lesung

Jesus kam mit den Jüngern zu einem Grundstück, das man Getsemani nennt, und sagte zu ihnen: Setzt euch und wartet hier, während ich dort bete. Und er nahm Petrus und die beiden Söhne des Zebedäus mit sich. Da ergriff ihn Angst und Traurigkeit, und er sagte zu ihnen: Meine Seele ist zu Tode betrübt. Bleibt hier und wacht mit mir! Matthäus 26,36-38

Impuls zur Meditation

Das Schweigen ist ein guter Freund – es hilft uns, Gott zu finden, damit er bei uns sei.

Jesus verließ den Abendmahlssaal und ging in die Nacht hinaus, um in der Stille allein zu sein, allein mit seinem Vater. Es war keine friedliche Stille, ganz im Gegenteil: Er litt Todesangst, er schwitzte Blut, als er darum rang, das Leiden zu akzeptieren, das ihm bevorstand, und das Versagen seiner engsten Freunde anzunehmen, die gerade in dem Moment versagten, als er sie am meisten brauchte.

Seinen Jüngern Petrus, Johannes und Jakobus sagte er, sie sollten wachen und beten – um in seiner Nähe zu sein und mit ihm zu beten. Das fiel ihnen schwer; sie schliefen ein. Währenddessen focht ihr Meister im Gebet härteste innere Kämpfe aus; er bat um Befreiung aus seiner Todesangst, und dann um die Kraft, den Leidenskelch zu trinken. Die Jünger aber schliefen, und später, als es gefährlich wurde, haben sie ihn verlassen.

Im Gebet können auch wir mit dem Herrn unsere Ängste und Kämpfe teilen, nicht zuletzt das Ringen, Gottes Willen anzunehmen, der manchmal all unsere Kräfte zu übersteigen scheint. Wir können mit ihm reden über das Leid und den Schmerz der Menschen, die wir kennen und lieben, unserer Verwandten und Freunde, ohne dabei die Fremden zu vergessen.

Der Herr bittet uns, heute Nacht wenigstens eine kleine Weile bei ihm zu bleiben, allein und schweigend.

Gebet

Herr, wir wollen
in Stille bei dir sein,
mit dir zu deinem Vater beten,
vor ihn hintragen,
was uns Angst und Kummer macht,
und ihm alle anvertrauen, die leiden.
Herr, hilf uns,
dass wir immer wieder Ja sagen können
zum Willen des Vaters.

Karfreitag
DIE QUAL DES KREUZES

Biblische Lesung

Von der sechsten bis zur neunten Stunde herrschte eine Finsternis im ganzen Land. Um die neunte Stunde rief Jesus laut: Eli, Eli, lema sabachtani?, das heißt: Mein Gott, mein Gott, warum hast du mich verlassen? … Jesus aber schrie noch einmal laut auf. Dann hauchte er den Geist aus. Matthäus 27,45f.50

Impuls zur Meditation

Die Worte des Psalms 22, die Jesus am Kreuz betete, drücken seine tiefe Erfahrung der Dunkelheit und Verlassenheit aus, die er durchlebte.

Zu allen Zeiten haben sich Heilige und Mystiker gefragt, was dieser Schrei zu bedeuten hat. Was durchlebte Jesus in diesem Augenblick? Es war noch etwas anderes als die Angst und der akute Schmerz, den die Kreuzigung verursachte. Es war ein innerer, geistiger Todeskampf, der wohl noch weit schlimmer und beängstigender sein kann als jeder physische Schmerz. Jesus befand sich innerlich, so scheint mir, in völliger Dunkelheit. Viele von uns werden Menschen kennen, die irgendwann im Leben eine ähnliche Situation innerer Dunkelheit erlebt haben; und vielleicht haben wir selbst solches auch schon erfahren. Menschen, die sterben oder schwer krank sind, gehen sehr oft durch solche Zeiten der Dunkelheit. Sie fragen sich, ob das denn alles wahr ist, was sie glaubten, ob sie nicht doch ins Nichts fallen. Ich kann mir vorstellen, dass dies die schrecklichste Prüfung ist. Ich sage das nicht, um irgendwen zu beunruhigen, sondern damit man, wenn man in eine solche Lage gerät, nicht verzweifelt: Wir dürfen wissen, dass andere die gleiche Erfahrung gemacht haben, auch Jesus, unser Herr. Umso inständiger werden wir dann beten: „Vater, in deine Hände lege ich meinen Geist." Dies sagen zu können, wenn ich sterbe, wäre vollkommenes Beten. Doch auch solange ich lebe, ist es die höchste Form des Betens: Gebet der Ergebung, der bejahenden Annahme, des Vertrauens.

Gebet

Herr, hilf mir,
das Licht
in der Finsternis zu finden,
und die Einheit mit dir,
wenn ich mich verlassen fühle;
denn durch deine Verlassenheit
hast du uns neues Leben geschenkt.

Karsamstag
LICHT DES GEISTES

Biblische Lesung

Die Finsternis geht vorüber und schon leuchtet das wahre Licht. Wer sagt, er sei im Licht, aber seinen Bruder hasst, ist noch in der Finsternis. Wer seinen Bruder liebt, bleibt im Licht; da gibt es für ihn kein Straucheln.

1 Johannes 2,8b-10

Impuls zur Meditation

Der Karsamstag ist von Ruhe und Schweigen, ja einem Gefühl der Leere geprägt. Es ist eine Zeit der Erwartung, der Vorbereitung auf die große Osternachtsfeier, die im Dunkeln beginnt.

Manchmal denke ich, dass die einbrechende Dunkelheit ein Symbol der Situation ist, in der sich viele von uns befinden. Erst wenn das Licht eines neuen Tages anbricht, wird uns die Umgebung wieder vertraut; nach der Nacht sehen wir manches vielleicht anders, „in einem neuen Licht“. Beten wir heute um Licht, um das Licht des Heiligen Geistes. Wenn er unseren Verstand berührt, wird es hell, auch in unserer Leere, in unseren Dunkelheiten.

Bitten wir um das Licht der Liebe, dass wir den erkennen, der gestorben und von den Toten auferstanden ist, Jesus, unseren Heiland.

Gebet

Vater, sende uns deinen Geist,
dass er unser Herz öffne,
die Dunkelheit daraus vertreibe
und uns durch das Licht der Liebe
mit neuem Leben erfülle.

Ostersonntag
ER IST AUFERSTANDEN!

Biblische Lesung

Am ersten Tag der Woche kam Maria von Magdala frühmorgens, als es noch dunkel war, zum Grab und sah, dass der Stein vom Grab weggenommen war. Da lief sie schnell zu Simon Petrus und dem Jünger, den Jesus liebte, und sagte zu ihnen: Man hat den Herrn aus dem Grab weggenommen und wir wissen nicht, wohin man ihn gelegt hat. Da gingen Petrus und der andere Jünger hinaus und kamen zum Grab … Er sah und glaubte. Denn sie wussten noch nicht aus der Schrift, dass er von den Toten auferstehen musste. Johannes 20,1-9

Impuls zur Meditation

Christus ist auferstanden! Ostern ist jedes Jahr eine Herausforderung. Glauben wir, dass Christus wirklich von den Toten auferstanden ist? Der Glaube an Christi Auferstehung ist grundlegend für uns Christen.

Das Christentum ist keine leichte Option. Jesus Christus hat uns zur Bekehrung des Herzens aufgerufen, zur Umkehr zu Gott. Er verlangt einen Wandel des Denkens und Verhaltens, auch heute. Werden wir seinen Ruf hören?

Die Apostel haben lange gebraucht, bis sie verstanden, was es bedeutete, dass das Grab leer war. Petrus und Johannes wollten sich selbst davon überzeugen; es dauerte, bis sie begriffen, dass Jesus sterben und auferstehen „musste".

Später ist Petrus zum Zeugen der Auferstehung des Herrn geworden; vielen Menschen haben die Apostel diese Frohe Botschaft verkündet.

Wir haben dieselbe Pflicht zu bezeugen, dass Christus von den Toten auferstanden ist. Im auferstandenen Christus hat der Tod seine Macht über die Menschheit verloren. Der Tod markiert für uns nicht mehr das Ende der Geschichte. Mit ihm beginnt vielmehr ein neues Kapitel. Es gibt ein Leben nach dem Tod. Ein Leben mit Gott. Unser gegenwärtiges Leben dient der Vorbereitung darauf.

Das Leben, dieses gegenwärtige Leben ist wichtig. Es ist physisches und geistiges Leben, das eine nicht losgelöst vom andern. Es ist abhängig von der Liebe, und nur in ihr bekommt das Leben seine wahre Bedeutung. Unser österlicher Glaube versichert uns, dass das Leben über den Tod siegt, dass die Liebe über den Tod triumphiert.

Gebet

Herr, deine Auferstehung
öffnet uns das Tor zum ewigen Leben.
Hilf uns, uns zu bereiten für das Leben mit dir
und glaubwürdige Zeugen deiner Liebe zu sein,
einer Liebe, die stärker ist als der Tod.

Vom selben Autor:

Geschichten von

Basil Hume

Basil in Blunderland

Erkenntnisse eines Mönchs
beim Verstecken-Spielen

Spielerisch und mit Tiefgang zeigt Basil Hume in diesen Geschichten, wie eine Alltags-Spiritualität aussehen kann. Jeder Ort, jeder Moment des Tages können zum Aufhänger werden, um mit Gott ins Gespräch zu kommen.
Hume erzählt von einem Mönch, der – statt zu meditieren – mit Kindern verstecken spielt und dabei ... meditiert. Der Mönch war er selbst.
Sarah John hat dieses köstliche Buch über das Leben mit dem lieben Gott im Alltag illustriert.

96 Seiten, gebunden, ISBN 978-3-87996-565-6

www.neuestadt.com